현직 헤드헌터가 들려주는 이직에 관한 모든 것

4050 이직의 비밀

4050 이직의 비밀

발행일	2015년 6월 22일		
지은이	황 선 희		
펴낸이	손 형 국		
펴낸곳	(주)북랩		
편집인	선일영	편집	서대종, 이소현, 김아름, 이은지
디자인	이현수, 윤미리내, 임혜수	제작	박기성, 황동현, 구성우, 이탄석
마케팅	김회란, 박진관, 이희정		
출판등록	2004. 12. 1(제2012-000051호)		
주소	서울시 금천구 가산디지털 1로 168, 우림라이온스밸리 B동 B113, 114호		
홈페이지	www.book.co.kr		
전화번호	(02)2026-5777	팩스	(02)2026-5747
ISBN	979-11-5585-652-9 13320(종이책)		979-11-5585-653-6 15320(전자책)

이 도서의 국립중앙도서관 출판예정도서목록(CIP)은 서지정보유통지원시스템 홈페이지(http://seoji.nl.go.kr)와
국가자료공동목록시스템(http://www.nl.go.kr/kolisnet)에서 이용하실 수 있습니다.
(CIP제어번호 : CIP2015016554)

현직 헤드헌터가 들려주는 이직에 관한 모든 것

4050 이직의 비밀

황선희 지음

change jobs

head hunter

평생 현역으로 일하기를 원하는 당신,
자신감을 갖고 이직에 도전하라!

북랩 book Lab

들어가며

　헤드헌터라는 직업을 생각할 때 사람들이 갖는 이미지는 사교적이거나 개방적인 것들이 많다. 그런데 이것을 업으로 삼고 15년 정도 일하면서 내가 느낀 것은 이 직업만큼 보수적인 것도 없다는 것이다. 고객사가 필요한 인재를 찾고, 추천하는 서비스를 제공하고, 고객사로부터 서비스료를 받는 헤드헌터는 고객사가 정확히 필요로 하는 사람을 찾아야 한다. 그래야 좋은 성과를 낼 수 있고, 제대로 된 서비스를 고객사에 제공할 수 있기 때문이다. 그러다 보니 후보자를 선별할 때 그들의 잠재성이나 가능성을 고려하기보다는, 고르고 골라 딱 맞는 사람을 찾는다. 고객사의 채용 담당자보다 세부적인 기준을 가지고 보수적으로 후보자 선별을 해야만 한다. 만나는 사람들은 많을 수 있지만, 실제 추천을 진행하는 사람은 적다. 그러다 보니 준비 안 된 사람을 준비시켜서 보내는 것이 아니라, 준비된 사람을 찾아서 진행하는 것이다.

그런데 이직이 아무리 많아졌다고는 하지만, 4050 세대들 중에는 준비된 사람보다는 준비 안 된 사람들이 훨씬 많다. 평생직장의 개념 속에 사회생활을 시작해서 같은 회사 내에서 성공을 위해 달리다가, 어느 날 이직이 필요한 순간이 되면 막막해지는 것이 현실이다. 회사 내에서는 리더로서 날아다니던 사람들이 어느 날 허허벌판에 혼자 서 있는 기분을 맛보는 것이 이제 이직을 생각하는 사람들의 심정인 것이다. 이 책은 그런 사람들을 위해 쓰여졌다. 막상 이직을 하려고 생각하니 어디서부터 준비해야 할지 모를 때 도움이 되었으면 한다.

평생직업이 필요한 가장 큰 이유는 '인간적으로' 잘살기 위해서이다. 직장 생활을 하다 보면 하루하루 지치고 나가떨어질 때가 있다 하더라도 말이다. 우리가 인간으로서 갖는 가장 큰 특징은 끊임없이 외부와 관계를 맺고, 그런 관계 속에서 자신을 증명한다는 것이다. 사회적 관계 속에서 나의 가치를 느끼며, 나와 사회적 관계 속에서 균형을 유지하며 살아가는 것이 가장 인간적인 삶이다. 평생직업을 갖기 위한 과정에서 이직은 과정이라고 생각한다. 이직을 통해 본인의 강점을 검증받고, 무엇이 강점인지 스스로도 확인할 수 있다. 20년 이상 같은 조직에서 열심히 살다 보면, 정작 내가 잘하는 것이 무엇인지, 나는 밖에서 어떻게 보이는지 잊고 지낼 수 있다. 이직을 통해서 다시 한번 내가 가진 능력을 확인하는 것이다. 본인이 가진 능력이 무엇인지 정확히 아는 사람은 헤매거나 자신감을 잃지 않는다. 평생 현역으로 일하기를 희망한다면 이직에 도전해보기를 권하고 싶다.

　마지막으로, 부족하지만 책이 나오기까지 지지해준 주변의 사람들에게 고마움을 전하고 싶다. 지금까지 일을 해오면서 늘 새로운 기회를 만들어준 것은 주위의 사람들이었다. 그런 고마운 분들이 있었기 때문에 늘 새로운 것들을 배우고 경험할 수 있었다. 고마운 사람들 덕분에 이 책이 나오게 되었으니, 이 책이 누군가에게 조금이라도 도움이 되었으면 한다.

2015년 초여름

황선희

이직,
결심부터 하라

무모한 변화는 위험하다.
그러나 옛 것을 맹목적으로 고수하는 것은 더 위험하다.

-헨리 조지

아플 수도 없다는 중년에 관한 책들이 참 많아졌다. 힘껏 살아왔지만 자식들 대학 졸업시키고 취직, 결혼할 때까지 버텨주려면 아직은 더 달려야 한다. 그런데 이미 평생직장의 개념은 무너지고, 트렌드는 너무 빨리 변하고 있다. 지금껏 열심히 살아왔는데 도대체 뭐가 문제란 말인가 하는 고민도 찾아든다. 그래서 중년의 위기를 '사추기'라고도 하나 보다. 게다가 아직도 갈 길이 불분명한 아이들을 볼 때마다 답답해서 잔소리가 늘고, 잔소리는 결국 호통으로 이어진다. 시골에서 소 팔고 논 팔아 대학 공부했던 사람들은 가족에 대한 사명감 같은 것이 있었다. 그래서 멈출 수도 없이 달려왔다. 그에 비하면 우리 아들, 딸은 얼마나 좋은가. 해외유학이건 어학연수건 필요하다는 것은 다 해줬건만, 아직도 손을 벌리고 나만 쳐다보고 있으니, 나도 이쯤 되면 지친다. 그런데 지치고 힘들다고 말할 수도 없는 중년이다.

그런 중년의 이직은 쉽지 않다. 이직해서 성공하지 못하면 어쩌지? 지금껏 한 회사에서 20년 넘게 버텼는데, 나가서 우스워지는 건 아닌지 겁도 난다. 함께 근무했던 회사 동료나 후배들에게 어떤 식으로 보일지, 그동안 자식들 앞에서 큰소리쳤는데 월급이 줄고 회사가 작아져도 애들 앞에서 큰소리치는 아빠가 될지……. 그런

소심한 고민들이 사추기의 직장인들에게 찾아온다. 그럴 때는 일단 점점 위축되는 마음부터 다스릴 필요가 있다. 지금 사추기를 겪고 있더라도, 지금껏 살아온 시간과 노력은 여전히 내 안에 살아 있다. '나에게도 아직까지 청춘은 있다. 원더풀 원더풀 브라보 브라보 아빠의 인생'이라는 노래 후렴구에 코끝이 시린가. 아직 끝이 아니다. 첫 명함을 받던 순간을 기억하는가? 그때 우린 결과를 생각하고 달리지 않았다. 달리다 보니 자식들도 어엿해지고, 나름 회사 후배들에게도 존경받는 선배가 되었을 뿐이다. 누구도 결과를 보기 전까지는 지금 자신이 제대로 된 선택을 하는지 확신을 가질 수 없다. 그러니 최고의 선택이 아닌, 최선의 선택을 하는 것이 중요하다.

마음부터 다스리고 '내 인생'부터 챙기자. 요즘 20대의 취직이 어렵다고 하는데, 이 정도 해줬으면 경제적인 의무는 다 한 거다. 이런 시대에 태어나 이렇게 살아가는 건 그냥 그 아이들의 몫이고, 모든 것이 부족했던 60, 70년대를 거쳐 살아온 건 내 몫이다. 그리고 지금 다시 인생을 써야 하는 것도 내 몫이다. 시간과 노력은 내 안에 그대로 살아 있다, 지금이 바로 20대에게 용기와 도전, 그리고 청춘이란 내가 끝이라고 하기 전에 끝나지 않는다는 것을 보여줄 타이밍이다.

그렇다면 언제 이직을 결정해야 할까? 이직을 결정할 때는 자기 자신과 조직 두 가지 측면에서 생각해야 한다. '나의 능력을 현재의 조직에서 발휘할 수 있는 기회는 얼마나 되는지? 맡고 싶은 프로젝트나 도전할 만한 일들은 있는지? 나와 같이 일하는 사람들을 신뢰하고 좋아하는지?'와 같이 개인으로서 직장에서 가질 수 있는 행복지수를 체크해보는 것이 필요하다. 일에 흥미를 잃었거나 행복지수를 높일 수 있는 방법을 고민해봐도 결론이 나지 않는다면, 이직을 고려해야 할 때다.

승진 한계점에 대해서도 생각해봐야 한다. 한 직급에 오래 머물러 있으면서 더 이상 위로 올라갈 수 없는 때이다. 대부분 대기업에서는 부장에서 임원으로 가는 시기가 승진 한계점이라고 느끼는 경우가 많다. 부장으로 계속 버틸 것인가, 아직도 희망을 가져볼 것인가 고민하는 시기다. 최근 국내 식품 관련 대기업에서 부장으로 계신 분이 이직한 사례는 전형적인 승진 한계점에 도달한 경우였다. 신입사원으로 입사해 현장에서부터 근무하며 품질관리 분야에서는 전문가의 위치에 도달했다. 그동안 어려운 시간을 쪼개 대학원을 다니며 석사 학위까지 마쳤다. 그런데 임원승진에서 누락되면서, 조직개편이 시작되면 현장마저 떠나야 할지 몰라 걱정되었다. 20년 넘게 현장에서 근무해온 사람을 책상머리에 앉혀놓는다고 무엇이 달라질까? 사실 이런 저런 제안들은 있었지만, 지금까지 한번도 진지하게 고민조차 해본 적이 없었다. 하지만 가장 명확한 것은 현 조직에서 임원승진은 가능성이 이제 없다는 점이었다. 헤드헌터로서 인터뷰를 하기 위해 찾아갔을 때 그분이 하신 첫 마디는, 지금껏 전화통화를 하기는 했어도 직접 만난 헤드헌터는 처음이라는 것이었다.

사실 헤드헌터를 만나는 게 처음이라는 말은 꽤 많은 사람들이 한다. 이직이 그렇게 보편화되었다고 하는데도, 한 회사에 20년 이상 근무하면서 그냥 자기 길만 가면 되는 줄 알았기 때문에 실제 이직하는 방법에 대해서는 한번도 배워본 적이 없기 때문이다. 게다가 한창 핵심 실무자로 잘나가던 시절에는 헤드헌터를 만난다는 것만으로도 조직에 대한 배신이 아닌가 생각하지 않았던가. 하지만 떠나기로 마음먹었을 때 헤드헌터가 전화한다면, 일단 적극적으로 움직여볼 일이다. 만나서 내가 잘할 수 있는 일인지 가능성을 따져봐야 한다.

앞의 후보자는 20년 동안 품질관리 분야에 근무하면서 OEM 업체 관리를 함께 해온 분이었다. 가장 쉬운 이직은 그동안 일해온 그 업체들 중 한 곳에 가는 것이었다. 하지만 이분이 이직한 곳은 방제회사였다. 해당 회사는 가정과 기업을 대상으로 해충 방제를 전문적으로 하는 기업으로, 대기업에 비해 규모는 작지만 해당 시장에서 탄탄한 입지를 가지고 있는 회사였다. 해당 기업은 오래전부터 신사업으로 식품이나 급식, 외식 업종을 대상으로 한 단순한 방제 서비스만이 아닌, HACCP 인증 등 토털 컨설팅 비즈니스를 구상해오던 차였다. 신입사원으로 선발되던 그때 이후 처음으로 제대로 된 면접이 이어졌다. 1차, 2차 해당 회사의 실무진, 임원진을 만나면서도 내가 잘하고 있는 건지 의심이 들었다. 마지막 대표이사 면접에서 결국 결심을 굳혔다. 오너(owner)이기도 한 대표이사는 해당 비즈니스를 구상한 지 7년이 넘었다고 했다. '그래, 7년을 고민해서 시작했으면, 1~2년 하고 안 된다고 접지는 않겠지.'라고 후보자는 생각했다. 그리고 해당 회사의 신사업 기획 임원으로 출근했다.

이직은 쉽지 않다. 무수한 체크 리스트를 만들어 갖가지 가능성을 다 따져서 리스크를 최소화하고, 그 리스트를 다 만족시킬 수는 없다. 최상이 아닌 최선의 선택이 이직을 결심할 때 필요한 일이다.

이직을 결심할 때는 개인적인 측면 이외에 조직적인 측면도 고려해야 한다. '비즈니스는 확장 단계인가 축소 단계인가? 회사가 인수, 합병될 가능성은 있는가? 그럴 때 조직 내에서 안정성은 확보되는가? 지방으로 이전할 가능성은 있는가? 구조조정이나 명예퇴직이 내가 일하는 부서와 연관 있는가? 경영진과 끝까지 함께할 수 있는가?'와 같은 질문을 던지고 답해야 한다. 비즈니스에 대한 부분은 오히려 고민이 쉽다. 끝까지 함께 갈 수 있는가는 돈에 대한 문제다. 위로 올라갈수록 알고 싶지 않았던 돈 문제, 비자금 같은 일과 연관될 가능성도 높아진다. 임원 승진이 되었고 누가 봐도 잘나가는데, 의외로 이 돈 문제에서 손떼고 싶어서 회사를 떠나는 경우도 많다.

스스로 마음을 다스리고 개인과 조직에 대한 부분까지 생각해보았다면, 다시 나에게로 돌아와야 한다. 지금껏 회사 생활을 하면서 욱한 마음에 사표를 던지고 나가는 사람들을 볼 때마다 무슨 생각을 했는가? '너 하나 없어도 조직은 잘 굴러간다' 아니었던가. 그런데 내가 그만둬도 조직이 잘 굴러갈 생각을 하니 서운하다 못해 배가 아프다. 아직도 내 안에 조직에 대한 미련이 남아 있어서이다. 버릴 것을 버리지 못할 때야말로 앞으로 나아갈 수 없다. 20대 시절의 연애와 비슷하다. 첫 월급을 받고 아이들을 낳고 키우고 하는 모든 과정 속에서 회사와 함께했다. 뜨거웠던 청춘을 바쳐가며 사랑해온 회사가 아니었던가. 나 없이도 잘살 수 있다니, 그렇게 서운한 일이 있을까? 이제 거기서 벗어나야 한다.

연애를 마무리할 때 언제까지 원망만 가지고 있을 것인가. 그래가지고는 새로운 사람을 못 만난다. 적어도 이직을 결심할 때만큼은 조직과 나는 군신관계가 아니라 연애관계이다. 충성심 이전에 나를 지금의 자리까지 이끌어주고, 이만한 집에 살게 하고, 우리 아이들을 키울 수 있었던 건 나와 함께한 이 조직이 있었기에 가능한 일이었다. 한 회사에서 20년 이상 근무할 수 있었던 것만으로도 나는 행운이었다. 이제 헤어지더라도 웃으며 헤어질 수 있어야 한다. 미련이 남아 제 자리를 맴돌다 그 고마운 마음마저 사라져버렸던 연애의 순간을 기억하자.

23년간 한 회사에서 근무한 애널리스트가 있었다. 그 분야의 베스트 애널리스트 상도 여러 차례 수상할 정도로 내공 또한 있었다. 이직을 결정하고 회사에 보고한 날 대표이사가 따로 불렀다. 그동안 서운한 게 많았느냐, 좀 더 나은 방안을 함께 찾아보자고 했다. 그러나 말씀은 감사하지만 마음의 결정을 내렸다고 말씀드리고 대표이사 방을 나왔다. 이 조직에서의 마무리가 이렇게 쉬울 수가 있다니. 한편으론 허탈하기도 했지만, 오히려 마음이 가벼웠다. 마지막에 좋은 모양을 갖추게 해준 대표이사에게 고맙기도 했다. 그렇게 대기업 계열사의 IR 부서장으로 출근한 그는 넉넉하고 소탈한 인품으로 조직원들과 쉽게 융화했다. 증권사에서 잘나가는 분이 오신다기에 부담을 갖던 일부 직원들도 마음을 열게 되었다. 몇 년 후 그분은 그룹 지주사의 IR 총괄 임원으로 영전하였다.

마지막으로 잡을 때 다시 주저앉을 것이 아니라, 시원하게 떠나오자. 새로운 인연은 그렇게 찾아온다. 이러지도 저러지도 못하고 있다 뒤늦게 후회하는 사람이 많다.

'그때 움직였어야 하는데……, 지금은 너무 늦었어.'

하지만 인생에 있어서 늦는 법이란 없다. 모든 가능성을 체크해보고 갈 수 있는 안전한 길이란 결국 없기 때문이다. 결심부터 하고 나면 모든 게 쉬워진다.

4050 이직의 비밀 chapter 2.

떠나기 전에
용서하라

용서만큼 완벽한 복수는 없다.

-조쉬 빌링스

임원승진에 누락한 한 대기업 부장을 한 시간 정도 만나 인터뷰를 했다. 한 시간의 인터뷰 동안 내내 억울하고 분하다는 표현이 넘쳤다. 대학을 졸업하고 취직을 결정할 무렵 금융공사와 대기업 사이에서 어딜 갈까 고민을 했다. 회장실 소속으로 신입사원을 시작할 수 있다는 이유 때문에 공사 입사도 포기하고 왔는데, 이제 와서 이런 대우를 받으니 첫 시작부터 후회된다고 했다. 야근을 밥 먹듯이 하며 좋은 아빠 노릇도 제대로 못 해줬는데, 회장님 아들, 딸들이 물려받은 회사 정리하면서 이 회사를 다른 그룹에 팔아버렸다. 그래도 꾹 참고 10년 넘게 근무해서 이제 임원승진이 코앞이었는데, 합병한 회사의 다른 계열사 출신이 자기 임원이 되어버렸다. 출신학교로 보나 기존 조직의 규모로 보나 내가 위인데 말이다. 화가 날 만한 일이다. 아마 나라도 그 입장이면 그분과 같았을 것이다.

하지만 한 시간의 인터뷰 후 돌아오면서, 헤드헌터로서 그분을 다른 회사에 추천하지 않기로 결정했다. 아직까지 본인이 추슬러지지 않은 상태에서는 어느 회사에 인터뷰를 보건 억울하고 분한 감정이 그대로 전해질 게 분명하기 때문이다. 새로운 회사는 해당 지원자와 어떠한 연관도 없이 능력만을 일차적으로 보고 판단하는

데, 자기 자신조차 추스르지 못한 사람에게 조직을 맡길 수는 없을게 분명하기 때문이다. 마냥 좋고 즐거운데 이직을 결심하는 사람은 없을 것이다. 몇 년에 걸친 계획적인 준비이건 갑작스런 비자발적 퇴사이건, 떠날 때는 서운함이 있을 수밖에 없다. 게다가 하루 24시간 가족보다 더 많은 시간을 보낸 사람들과 때론 서로 경쟁하고 서로 상처를 주고받는 시간이기도 했다. 그래도 떠나기로 마음 먹었다면 다른 누군가가 아닌 나를 위해 결자해지의 자세로 정리해야 할 일이다. 지난 회사 생활을 다 돌이켜 그때 상처 줘서 미안하다고 찾아가서 고해성사라도 하라는 말이 아니다. 내 인생을 새롭게 시작하기 위해 내 마음의 부담을 털어버리라는 말이다.

누군가가 나를 대하는 모습은 결국 내가 그를 대한 모습 그대로이다. 싸이코나 미친개라고 욕하며 돌아섰던 일도 시간이 지나 되돌아보면 상대방만의 전적인 잘못이라고 자신 있게 말할 수 있었던가. 결국 나도 누군가와 상처를 주고받았던 것 아닐까.

이직을 한다는 것은 결국 조직에 있는 동안 그만큼 인정받고 실력을 쌓아왔기 때문에 가능한 일이다. 어디도 받아줄 회사가 없다면 퇴직금을 가지고 자영업이라도 시작해야 한다. 나를 이 분야의 전문가로 만들고 리더로서의 자질을 갈고 닦게 해준 것도 회사의 간판과 조직의 힘이 있어서 가능했던 일이다. 헤드헌팅 시장에서 가장 많은 구인 요청이 오는 직급은 대리에서 차장급이다. 별도의 시간과 돈을 투자하지 않고도 바로 현장에 투입할 수 있기 때문이다. 부장급 이상의 헤드헌팅은 대기업이든 중소기업이든 관리자, 임원의 자리다. 실무에서만이 아니라 조직원에 대한 사람 관리까지 해야 하는 자리다. 자기 자신조차 추스르지 못하는 사람에게 사람 관리를 맡길 새로운 회사는 없다고 단언한다. 그래서 이직 인터뷰에 대한 가이드를 줄 때는, 퇴직 사유에 대해 개인적인 감정을 뺀 객관적인 이유를 말해야 한다고 조언한다. 감정으로 인터뷰어에게 호소하는 것이 아니라, 이해할 만한 논리로 설득하는 것이다.

예를 들어 어느 조직이나 승진 한계점과 같은 문제는 있다. 승진 한계점에 왔기 때문에 이직하려 한다는 것은 그냥 현재의 상황에 대한 설명이다. 승진하지 못한 것이 인생의 패배는 아니지 않은가. 우리나라 대기업에서 임원 승진율은 불과 0.6%밖에 되지 않는다고 한다. 지금까지 온 것도 대단한 일이고, 많은 수고를 했다. 그런 자랑스러운 나를 스스로 알아보지 못하고 남의 탓으로 이야기하는 것은 안타까운 일이다.

'화가 났을 때는 중요한 결정을 하지 말라'는 말이 있다. 감정적으로 휩쓸릴 때 하는 결정은 더 큰 후회만을 남기기 때문이다. 앞에서 말했듯이 헤드헌터는 화가 난 상태의 후보자는 진행하지 않는다. 아니, 진행하더라도 최우선 순위에 올려놓고 추천하지는 않는다.

임원들이라면 지금까지 근무하면서 수많은 신입, 경력 사원 면접을 진행해보았을 것이다. 면접의 최종 결정은 결코 스펙만으로 되는 게 아니라는 것을 누구보다 잘 알지 않는가. 어차피 최종까지 올려 보낸 사람이면 업무능력 면에서는 다 자격을 갖춘 사람들이다. 결국 마지막 결정은 그 사람의 태도를 보고 결정한다. 이직 인터뷰에서는 새로운 회사와 시작할 준비가 되어 있는가가 중요하다. 옛 직장에 대한 미움도 결국 애정이다. 아직도 미련이 많은 사람이 새로운 조직을 파악하고 부서원을 장악하고 사람을 관리할 수 있을까? 채용 결정권자는 고민할 수밖에 없다.

인터뷰 때 그럴 듯하게 돌려 말하면 되지 않을까 생각하기 십상이다. 하지만 지금까지 수많은 면접을 보아온 사람이라면 기억하듯이 사람의 눈빛과 태도가 일차적이요, 다음은 말이다. 눈빛과 태도는 감춰지는 부분이 아니다. 결국 내 마음속의 생각이 다 흘러나오게 되어 있다. 그러니 인터뷰 때 어떻게 감춰 말할 것인가를 고민하기 전에, 지난 세월을 돌이켜 사람과 조직에 대한 용서부터 해야 한다.

아직 용서가 이루어지지 않았다면 이직할 때가 아니다. 어설픈 이야기지만 용서는 '의리'로 해야 한다. 20년 넘게 근무해온 회사와의 의리를 생각해야 할 때이다. 아마도 지금의 위치까지 올라오는 동안 사람들은 나에게 충성심 높은 사람이라고 말했을 것이다. 조직은 충성심이 없는 사람에게 결코 기회와 권한을 주지 않았을 것이다. 떠나는 그 순간까지 충성심을 잃지 않는 것이 '격(格)'을 지키는 길이다. 누가 강요해서 가져온 충성심이 아니다. 그러니 떠나는 순간까지 지켜야 하는 것이 나의 격(格)이다. 아무리 생각해도 아직 분이 풀리지 않는다면, 적절한 모습으로 떠날 수 있을 때까지 기다리는 게 의리다. 이직에 대한 객관적인 사유를 말할 수 있고 인터뷰어와 이성적 대화를 할 수 있을 정도까지면 된다. 내 마음이 추슬러지기 전에는 어느 누구와도 쌍방향의 소통이 될 수 없다. 이직 인터뷰에만 해당되는 것이 아니다. 여기에는 퇴직 인터뷰도 포함된다. 퇴사하면 끝일 것 같지만 결국 레퍼런스 곧 평판은 남는다. 평판 조회에서는 퇴직 사유가 가장 중요하다. 왜 퇴사를 했는지? 퇴사하면서 상사나 조직과 불협화음은 없었는지가 가장 중요하다. 퇴직 인터뷰에서도 서로가 받아들일 수 있는 상황이 되어야 한다.

마무리는 아름답게! 아니, 마무리는 우아하게! 그게 조직이 지금까지 나에게 해준 것에 대한 의리다.

4050 이직의 비밀 chapter 3.

자신감을
가지라

자신감은 위대한 과업의 첫 번째 조건이다.

-사무엘 존슨

결코 포기하지 않는 정신의 상징으로 40대 이후에 성공한 두 사람의 이야기가 있다. KFC 캐릭터로 유명한 할랜드 샌더스(Harland Sanders)는 주유소 한편의 식당으로 시작해서 50세가 되었을 때 성공한 레스토랑 경영자로 이미 명성을 얻었다. 59세에는 유럽의 기사 작위에 해당하는 '커널'이라는 직함을 켄터키 주로부터 수여받았으나, 65세에는 예상치 못했던 경영 실패로 연금에 의지해야만 하는 어려움에 직면하게 되었다. 그러나 샌더스는 여기서 좌절하지 않았다. 자기의 차 트렁크에 닭을 튀길 수 있는 압력솥과 본인이 개발한 향신료를 싣고 전국을 횡단하기 시작했고, 일년에 수만 마일을 여행했다. 우리가 아는 KFC의 체인점이 생기게 된 건 그의 나이 70세 때의 이야기다.

권투선수 조지 포먼(George Foreman)이 세계 챔피언에 오르고 은퇴한 것은 불과 28세 때였다. 은퇴 후 그는 목사가 되었고, 빈민가의 아이들을 위한 농구장과 복싱장을 설립했으나, 심각한 재정난에 처하게 되었다. 후원회를 통해서도 모금을 할 수 없던 그가 빈민가의 아이들을 위해서 돈을 벌기 위해 다시 링 위로 돌아오기로 결심한 것은 38세 때였다. 38세의 노장에게 어느 누구도 기대를 하지 않았지만, 그는 다시 정상에 서기 위해 자신만의 속도로 움직였다. 노장이었던 조지 포먼이 아들 나이에 해당하는 마이클 무어와 헤비급 챔피언을 겨루기 위해 링 위에 올랐을 때 그의 나이는 45세였다. 챔피언을 KO패 시키고 링 위에서 두 손을 번쩍 치켜든 그는 그 경기를 지켜본 모든 중년과 젊은이들에게 포기하지 않는 자유와 고귀한 승리를 선사했다.

아무리 남들이 성공한 사람으로 보아도, 막상 본인은 이직을 시도할 때 마음의 밑바닥에서 두려움이 생긴다. 나와 이렇게 오랫동안 함께한 조직을 떠나도 내가 다시 잘할 수 있을까? 한 회사에서 벌써 20년을 넘게 일했는데, 다른 회사에 적응하지 못하는 것은 아닐까? 이런 고민은 이직을 고민하는 40, 50대라면 어느 누구나 하는 생각이다. 하지만 그것은 빨리 접어야 할 생각이다. 마음 한 구석에 그런 불안감이 있는데, 이직 인터뷰를 잘 할 수 있겠는가. 또 입사 제안을 받았다 하더라도 결코 적극적인 자세로 받아들이고 고민하지 못할 것이다.

실제로 입사 제안까지 받았음에도 마지막 순간에 번복하고 현재 직장에 남는 경우도 종종 있다. 이런 경우 20, 30대는 괜찮다. 다시 조직에 남아서 어떻게든 다시 복귀가 되기 때문이다. 그리고 경력을 잘 만들어서 몇 년 후 다시 이직을 시도할 수 있기 때문이다. 그러나 40, 50대는 다르다. 새로운 경력을 만들 기회가 많지 않기 때문이다. CEO, CFO, CMO처럼 전체 부문을 총괄한다거나 핵심사업 역량을 키우기 위한 인수합병의 책임자가 되는 정도의 기회는 쉽게 오지 않는다. 이제는 그 조직에서 새로운 역할을 맡으며 경력을 쌓는 때가 아니라, 그동안 쌓아온 경력을 활용해야 하는 때다.

하루에도 몇 번씩 자신감이 떨어지는 순간이 올지도 모른다. 다 좋기만 하면 누가 이직을 생각하겠는가. 결국 남들도 다 마찬가지였다. 스스로에게 믿음을 가지고 자기 자신을 독려해야 할 때다. 입사 제안을 받는다는 건 내가 지금까지 쌓아온 경력이 가치가 있다는 뜻이다. 그저 조직이 나를 키우기만 한 것이 아니다. 나 역시 조직의 성장을 이끌었던 사람이다. 그러니 내가 가진 경력과 경험에 자신감을 가지자. 한 회사에서 20년 동안 이런 일 저런 일 다 겪어 봤는데, 새로운 곳에서 조금 어렵다고 못 할 일이야 있겠는가. 조금 불편이 예상되는 정도로 이직을 접지 말자.

직무에 따라서도 지레 겁을 내는 경우도 있다. "이럴 줄 알았으면 진즉에 영업을 할 걸." 하는 말을 종종 듣는다. 영업을 해본 사람은 어디든 갈 자리가 많은 것 같은데, 지금까지 기획, 관리만 해본 사람이 갈 자리는 많지 않은 것 같다는 말이다. 실제로 영업과 관련된 임원을 뽑는 자리가 많은 것은 사실이다. 아무래도 회사에 바로 수익을 늘려줄 수 있는 것은 영업 부서이니까. 그러나 영업에서 영업으로 회사를 움직이는 사람은 영업을 뽑는 회사가 많아서가 아니라, 그 사람이 지금까지 영업을 하면서 쌓아온 경험과 적응력이 있었기 때문이다. 어떤 자리든 본인을 내세울 때는 자신감 있는 태도로 접근해야 한다. 그동안 몸에 배어 있는 습관과 자신감이 이직을 가능하게 하는 것이다. 같은 포지션으로 얼마나 많은 후보자를 보았겠는가. 결국 뽑힌 사람은 뽑힐 만했기 때문에 뽑힌 거다.

몇 년 된 일이지만 아직도 기억에 남는 분이 있다. 증권사에서 23년 동안 기업금융 팀에서 근무하신 상무님이었다. 기업금융 팀에 있으면서 국내 그룹사 자금 담당자들을 대상으로 오랫동안 영업을 해왔는데, 대표이사가 바뀌는 등 조직 환경이 바뀌면서 이직을 고민하게 되었다. 20년 넘게 여의도에서 근무해서 어느 회사 어느 팀에 누가 있는지까지 다 아는 판인데, 과연 갈 데가 있을까 하는 생각도 들었다. 그런데 오히려 그래서 가능했다. 본인이 가서 일할 수 있는 환경이 되는 회사를 우선 10개 정도 추려보았다. 그 중에서 사업부 임원이 기업금융 부서 출신으로 잘하고 있는 조직은 제외했다. 그러고 나니 두세 군데 정도 회사만 가능성이 있어보였다. 그리고 헤드헌터를 찾아서 단도직입적으로 이 3군데 회사가 관심 있는데, 연결 가능한 회사가 어디인가를 물었다. 헤드헌터로서 그분이 쌓아오신 경력과 경험과 같은 스펙 요소들도 분명 관심이 갔지만, 그보다는 이직을 위해 체계적으로 접근하는 면이 무엇보다 끌렸다. 그분이 기억에 남는 건 그 다음 사례 때문이다.

우리 쪽에서도 알아봤지만 임원급을 새로 영입하는 것이 세 군데 회사 모두 쉽지는 않았다. 해당 회사에서 받은 피드백을 드렸지만 그분은 그냥 돌아서지 않았다. 그 중 한 곳의 대표이사 실을 무작정 찾아가서 비서에게 명함을 주고는, 대표님을 뵙고 싶다고 말씀을 전해달라고 했다. 결국 그날 대표이사를 직접 만났고, 신규 영입에 생각이 전혀 없었던 대표이사는 이 정도로 적극성이 있는 사람이라면 뽑아도 되겠다고 생각해서 며칠 후 입사 제안을 했다. 그분이 이직을 결심하고 입사 제안을 받기까지는 고작 한 달 반밖에 걸리지 않았다.

위 사례의 임원이 이직을 한 것은 영업직을 많이 뽑아서가 아니라, 목표를 분명히 갖고 경험을 살려 해결책을 찾았기 때문이다. 영업은 영업으로 해결하고, 기획은 기획으로 해결하면 된다. 자기 분야의 이직을 준비하기 위해서 해당 분야에 대해 분석하고 접근 가능성을 점검하고 해결책을 찾는 과정은 모두가 같다. '이 분야에서 몇 년인데 그 정도야 쉽지.'라는 자신감을 가지고 접근해야 한다. 자신감 없이는 실천이 불가능하다. 그리고 실천하지 않으면 결국 아무것도 바뀌는 건 없다.

여기서 말하는 자신감은 자존감과 자기연민을 다 포함한다. 코칭 전문가인 올리비아 F. 카반은 자신감을 '자기가 어떤 것을 해내거나 배울 수 있다는 믿음'이라고 했다. 그리고 자존감은 나 자신을 긍정하고 가치 있게 여기는 마음이며, 자기연민은 자기 자신에 대한 따스한 마음이다. 세상에는 자신감은 충만하지만 자존감은 낮고 자기연민은 거의 느끼지 못하는 사람도 얼마든지 있다고 한다. 자기연민이라는 말이 부정적이라고 생각되지만, 자기연민 능력이 높은 사람은 어려운 일을 겪을 때 회복력도 빠르다고 한다. 자존감과 자기연민이 부족한 사람은 실수를 하면 자기를 자책하는 데 긴 시간을 투자한다. 부정적인 생각에 사로잡혀서 상황을 객관적으로 볼 수 없는 것이다. 이직을 결심했음에도 시시때때로 작아지는 순간, 스스로에게 다짐하고 다시 불어넣어야 하는 것이 바로 자신감, 자존감, 자기연민이다. 이것은 자기 자신만이 할 수 있는 일이다.

작아지려 할 때마다 자신을 독려하기 위해 일상의 작은 것부터 변화를 줘보는 것도 필요하다. 마음 편히 혼자서 그냥 쉬어본 게 언제인지 기억나는가? 하루 10분의 명상이든 주말 산행이든, 자기 혼자만의 시간을 갖고 마음을 정리하는 시간이 필요하다. 최근에 만난 한 임원은 생애 처음으로 아내에게도 비밀로 하고 혼자서 동남아로 골프를 치러 갔다고 했다. 원래부터 혼자 가려고 한 건 아닌데, 어찌하다 보니 정말 혼자서 골프 리조트에 묵게 되었고, 4박 5일간 1:1 티칭을 받으며 골프 강습까지 받았다고 한다. 그런데 그 4박 5일이 그렇게 좋을 수가 없었다고 한다. 그냥 오로지 자신을 위해서 시간을 쏟아본 게 언제인지 기억이 안 나는데, 아내에겐 미안하지만 그래도 좋았단다. 그래도 남들이 이상하게 볼까봐 이 나이에 혼자 해외여행 다녀왔다고 말하기는 좀 부끄럽다고 했다. 자신감을 가지려면 일단 자기에게 좀 너그러워질 필요도 있는 것 같다.

정확히 판단하고 준비하면 이직은 어려운 게 아니다. 밑바닥의 소심함이 자꾸 주저하게 하는 것이 결국 이직을 어렵게 만드는 가장 큰 적이다.

4050 이직의 비밀 chapter 4.

가진 것을
내려놓으라

날마다 비우는 것이 도를 닦는 방법이다.

- 『도덕경』

회사를 옮기기 전에 버려야 할 것들 중 가장 큰 게 습관이다. 한 회사에 오래 있는 동안 많은 사람들로부터 좋은 대접을 받았을 것이다. 다 내가 노력한 만큼이라고 하지만, 어느새 받는 것이 당연해져서 습관이 되었을 것이다. 그것부터 내려놓아야 한다. 이제껏 면접관으로 살다가 면접자가 되었을 때, 아직도 상황 파악이 안 되는 경우가 심심치 않게 있다. 면접을 보고 나를 잘 보여야 하는 자리임에도, 이전 직장에서 받았던 처우나 대우를 이야기하며 그 이상은 되어야 일할 수 있다고 첫 면접에서 이야기한다. 정말 이직에 있어서 아마추어 같은 행동이다. 이건 자존심을 세우는 게 아니라, 스스로 떨어뜨리는 경우다. 자존심은 남에게 굽히지 않고 자신의 품위를 스스로 지키는 것인데, 스스로 아마추어 같은 행동으로 격을 떨어뜨린 것이다. 아마 본인이 면접관으로 있을 때 후보자가 그런 태도를 보인다면 본인도 단번에 거절할 만한 행동을 스스로가 한다. 이것은 아직까지 대우 받던 습관을 버리지 못 했기 때문이다.

때론 그것이 마음속에서부터 나온 생각일 수도 있고, 그냥 허세일 수도 있다. 막상 면접자가 되어야 하는 상황이 인정하기 싫은 것이다. 내가 지금까지 어떤 사람이었는데 하며 초라해 보이고 싶지 않은 경우다. 면접에서 허세를 부리는 사람치고 결코 좋은 피드백을 받는 경우를 단 한번도 보지 못했다. '진짜'는 남이 나를 어떻게 보는지 신경 쓰는 사람이 아니라, 그저 자기 자신이 가진 그대로의 좋은 점을 믿고 앞으로 나아가는 사람이다. 허세 부리는 사람은 아직은 이직할 준비가 되어 있지 않다고 판단하고 우선순위에서 제외된다.

많은 기업에서 대기업 출신의 경력자를 선호하는 이유는 경력과 경험 같은 스펙적인 요소뿐만 아니라, 신입사원 시절부터 받아온 교육을 중요하게 보기 때문이다. 실무 지식과 같은 교육이 아니라, 비즈니스 매너 같은 교육이다. 조직에서 교육은 강의실 안에서만 이루어지는 것이 아니라, 생활을 통해서 습득한다. 신입사원 시절 젊은 마음에 술자리에서 실수하고 다음 날이면 선배들에게 불려가 혼나고, 그렇게 하나하나 배운 것들이 습관으로 몸에 배어 있는 것이다. 헤드헌팅 회사에서 후보자 추천을 할 때 일단 대기업에서 임원을 단 사람은 좀 더 후하게 검증하는 경향이 있는데, 그것은 실력뿐 아니라 좋은 매너와 같은 인품적인 면에서 이미 해당 조직에서 일차 검증을 거쳤다고 생각하기 때문이다.

사회초년 시절 배웠던 것들을 기억하는가? 기본적인 인사법부터 악수하는 법, 명함 교환하는 법, 감사인사 하는 법까지, 아주 기본적인 것들이 신입사원에게 가르쳐지는 것이다. 다시 한번 초심에서 나를 바라봐야 한다. 신입사원 시절에 배운 것들을 내가 얼마나 잘 지키고 있는지. 인사도 하기보다 받는 것에 익숙해진 사람은 예의를 갖춘 인사를 하기 어렵다. 상대가 누구든, 나와 이해관계가 얽히지 않은 사람들도 정중하게 대하는 것이 비즈니스 매너라고 생각한다. 방문한 회사의 안전요원이나 차를 가져다준 사람들에게 가벼운 목례보다 '안녕하세요', '감사합니다'라는 말을 한 마디 붙이는 것이 정중한 인사이다. 사람들은 인터뷰 시간만큼이나 그런 찰나의 순간에 영향을 받는다.

이직을 할 때 여러 가지가 고민이다. 아이들 시집장가 보낼 때까지는 좀 그럴듯한 자리에 있어야 할 것 같고, 노후대책도 세우려면 연봉도 좀 되어야 할 것이고, 나 자신을 생각하면 업무 범위도 크고 재량권도 좀 있는 자리였으면 좋겠다. 하지만 알다시피 백이면 백을 만족시키는 자리는 없다. 알긴 아는데 막상 내가 선택해야 하면 어려운 일이다. 어느 것 하나 포기하기 쉽지 않은 중요한 조건이기 때문이다. 버릴 것은 버리는 우선순위를 정해놓는 것이 실제 이직할 수 있는 가장 중요한 준비.

개인적인 여건에 따라 우선순위는 달라질 수 있지만, 일반적으로 첫 번째 기준은 나의 역량을 발휘할 수 있는 자리여야 한다. 지금까지 쌓아온 전문성과 근접해야 한다. 보통 한 회사에 오래 근무하다 보면 순환 보직을 통해 여러 부서를 거치게 된다. 여러 부서를 거쳤으니 웬만한 일은 다 할 수 있을 것 같다. 아마도 아는 사람의 소개를 통해 들어간 회사의 관리직 정도는 가능할 것이다. 하지만 그 다음 스텝은? 아는 사람 회사의 경영관리나 재무관리 좀 하다가는 그 다음 직장 구하기가 더 어려워진다. 은행이나 증권사 같은 금융

권에서 오랫동안 근무한 분들이 종종 하는 말 중에 중견 제조업체 같은 곳의 CFO로 가면 좋겠다고 하는 말이 있다. 금융권은 근무해 보니 정년도 보장이 쉽지 않고, 지금까지 내가 운용해온 자금 규모 생각하면 중견 제조업체 정도 규모의 자금운영은 가능할 것 같다고 한다. 아는 사람을 통해 들어가는 경우가 아니면 공식적인 루트로는 성사되기 절대 어려운 희망이다.

우선 내가 지금까지 얼마나 큰돈을 만져봤든지 간에, 그건 회사가 운용한 것이고 그저 내 손을 거쳐갔을 뿐이다. 내 손을 거쳐갔을 뿐이지 그것이 나의 핵심 역량은 아니다. 핵심 역량은 재무, 기획, 영업처럼 직무 중심으로 생각해야 한다. 내가 근무하면서 가장 오랜 시간 경력을 쌓아온 업무, 가장 최근에 맡았던 보직들 중심으로 생각해서 판단해야 한다. 하겠다고 마음만 먹으면 못 할 일이 없겠지만, 객관적으로 자신을 바라보고 현실성을 생각해야 한다. 나의 핵심 역량을 발휘할 수 있어야 새로운 회사에서도 성과를 낼 수 있고, 그 다음 회사로의 이직도 가능하기 때문이다.

역량 발휘 다음으로 생각해야 할 기준은 안정성이다. 정년까지 보낼 수 있는 자리면 가장 좋겠지만, 반드시 보장받겠다는 생각은 일찌감치 버리는 게 낫다. 임원급일수록 정년보장은 쉽지 않다. 성과로 평가받는 자리이기 때문이다. 인사제도가 안정적이면 좋은 일이지만, 그것이 정년을 보장해주지는 않는다. 제도가 좋아서 정년이 보장된다면 평생직장 개념은 사라지지도 않았을 것이다. 조직과 환경은 계속 변화하기 마련이니, 보장되는 정년이란 어차피 없는 것이다. 계속 현재 회사에 남겠다면 모를 일이지만, 이직한 회사에서 정년까지 바라는 것은 어려운 일이다. 40대라면 앞으로 10년, 50대라면 3~5년을 근무할 수 있는 회사인지를 기준으로 생각해야 한다. 새로운 회사를 생각해볼 때 그 정도 기간을 근무할 수 있는지 생각해보고, 거기에 부합한다면 이직을 바로 결정해도 좋다. 그 시간 정도만 근무하고 퇴사하라는 이야기가 아니라, 불필요한 기대는 일찌감치 버리고, 입사하는 그 순간부터 업무성과를 내기 위한 일에 집중해서 그 다음을 준비하라는 이야기다.

그리고 가장 마지막 기준이 돈이다. 아직 아이들 대학도 마쳐야 하고 결혼도 시켜야 하는데 돈이 마지막이라니. 대리, 과장 같은 젊은 시절엔 연봉 1000만 원 차이가 되게 컸고, 실제 그 정도만 연봉 인상이 가능해도 회사를 옮기는 동료도 많이 보았다. 하지만 지나보니 연봉 조금 더 올려보겠다고 옮겨 다니던 친구들은 어디로 사라졌는지도 모르게 사라지는 경우가 더 많지 않았던가. 연봉 인상까지 되면 금상첨화에 고민할 일도 없으나, 깎이는 경우에는 고민하지 않을 수 없다. 도대체 어느 정도 선까지 양보해야 할까?

예를 들어 법인카드 같은 지원 경비는 당연히 빼야 한다. 그건 회사마다 기준이 다른데, 이전 회사에서 당연히 받던 것인데 포함시켜 달라고 이야기하는 건 맞지 않다. 퇴직금과 학자금 지원은 고려대상이다. 하지만 이 둘은 제도적으로 받을 수 없다면 연봉에 감안

해서 포함시키는 방향으로 하는 게 맞다. 퇴직금과 학자금 지원을 별개로 놓았을 때, 40대라면 현재 연봉 수준의 90%, 50대라면 80%까지를 보전하는 정도에서 협의할 수 있다. 이게 현실적인 마지노선이다. 물론 연봉을 깎아서 가는 경우에 어디까지 양보할 수 있는가의 경우다. 당연히 인상할 수 있으면 하면 된다.

마지막으로 이직을 위한 준비는 현재 조직에서 가지고 있던 권한과 책임을 내려놓는 일이다. 갑작스럽게 이직하는 경우가 아니라면 충분히 내려놓고 갈 수 있다. 마음은 이미 떠났는데 불필요한 것들을 마지막 순간까지 손에 쥐고 있을 필요가 없다. 권한과 책임에서 마음을 비우면 떠나기 전에 조직에 해주고 갈 일들이 더 많아진다. 그동안 성과를 내기 위해 후배들을 다잡아왔던 경우에도, 이젠 후배에게 많은 재량권과 기회를 줄 수 있다. 결국 망하더라도 스스로 꾸려보아야 그 사람의 역량이 늘어난다. 지금까지 내가 끌어왔다면, 이젠 그 자리를 끌어갈 새로운 사람을 만들어줘야 한다. 새로운 사람이 눈에 차지 않는다고? 그건 이제 내 몫이 아니라, 남은 조직과 그 후배가 해결하면 될 일이다. 나는 그저 후배들에게 기회를 만들어주면 된다. 어쩌면 이직을 준비할 때 가장 내려놓기 어려운 것 중 하나가 권한과 책임을 줄여서 가는 일일 것 같다.

나는 기회를 만들어주는 사람이라고 마음먹으면 화낼 일도 줄어들고 사람을 대할 때도 여유가 생긴다. 그동안 살기 위해 두 손에 쥐고 있던 것들을 내려놓음으로써 마무리를 좀 더 가볍게 할 수 있다.

새로운 것을
채우라

많은 것을 변화시키고 싶은가?
그렇다면 먼저 많은 것을 받아들여라.

-장 폴 사르트르

마음정리도 끝나고 내려놓을 것들도 내려놓았다면 새로운 것을 채울 시기다. 공부와 사람이다. 이제 와서 무슨 공부인가 싶지만, 새로운 것을 보고 배워야 한다. 같은 직장에서 매일 같은 사람들과 같은 문화를 공유하면서 달려온 시간 동안 나는 그 회사에 걸맞은 사람이 되었다. 다른 조직의 사람들을 만나고, 그들이 하는 생각을 듣고, 서로 다른 입장, 서로 다른 환경의 사람들을 통해 배워야 한다. 거기서 새로운 아이디어가 생기고, 자신감이 생긴다. 보고 배우는 공부를 다시 시작해야 할 시기다.

예전에 서울시에서 운영하는 창업지원스쿨을 다닌 적이 있다. 내가 다닌 과정은 경영 컨설팅 과정으로 주 2회 2개월 수업 후 수료자는 서울시에서 운영하는 창업지원센터 입주 시 선발에서 가산점을 주는 과정이었다. 평일 수업이었지만 나와 같은 현직자들이 생각보다 꽤 많이 듣고 있었다. 40, 50대가 거의 대부분으로 사람들의 면면도 경영 컨설팅의 분야만큼 다양했는데, 그 중에 한국은행에 근무하시는 분도 있었다. 무식한 표현일 수도 있지만, 한국은행 하면 우리나라에서 제일 좋은 은행 아닌가. 게다가 그분은 부국장급이었다. 그분이 준비하신 건 이직이 아니라 퇴직이지만, 그것은 회사를 나오기 위해 새롭게 배우고, 배우기 위해서 필요하다면 자신을 낮출 줄도 알아야 한다는 것을 배운 계기가 되었다. 프랜차이즈 컨설팅을 준비하는 사람에게는 기획서와 제안서 쓰는 법을 배우고, 헤드헌터인 내게는 이력서 쓰는 법을 배워가셨다. 수업시간에 그분은 늘 맨 앞자리에서 가장 열심히 듣고 공부하셨다. 필요한 공부를 하는 데는 체면이 중요한 것이 아니라, 어느 누구에게서든 배울 수 있다는 자세가 중요한 것이다.

그런데 이 체면을 버리는 공부란 게 생각만큼 쉽지가 않다. 직장을 그만두고 자영업을 시작하려는 사람들에게 식당의 허드렛일부터 배워야 망하지 않는다고 누누이 이야기하지만, 막상 그게 나라면 허드렛일부터 감당할 자신이 없다. 그러나 체면을 버려야 다양한 사람을 만나고 그들에게서 배울 수 있다. 한국인의 콤플렉스인 영어 공부와 같다. 학원에 앉아서 어린 학생들과 같이 듣는 게 부끄러워서, 1:1 교육은 또 부담되어서, 이런 저런 이유로 그렇게 차일피일 미루다 시간만 가버린다.

석탄공사 사장까지 역임하고 지금은 명강사로 유명한 조관일 대표의 책 『임원의 조건』에 이런 구절이 나온다. "공부는 회사 차원에서 하는 게 아니다. 원칙상 개인이 알아서 해야 한다. 합동으로 하는 교육은 차별성도 없고 탁월성도 없다. 두루뭉술하다. 학습은 자기가 하는 것이다. 그래서 이름도 '자기계발'이다." 지금까지 시키는 공부를 해왔다면, 이제는 내게 필요한 공부를 해야 할 때다. 아직 미련이 남은 학위 과정일 수도 있고, 학위 과정이 아니면 전문지식을 가르치는 과정도 좋다. 공부하는 과정이 아니라면, 인적 네트워킹을 넓히기 위한 과정이어도 좋다. 새로운 공부를 하면서 자신을 돌아보게 되고 마음을 넓힐 수 있으면 충분하다.

40대에는 거의 없는 경우지만 50대 임원들 중에는 아직도 이메일조차 서툰 분들도 많다. 이메일은 확인하는 용도로만 사용하고, 쓰는 건 시간 걸려서 그냥 전화로 해결하신다. 배우고 익히는 게 학습인데, 몸이 익숙해질 때까지 컴퓨터 자판과 화면에 익숙해지는 것도 시간이 필요한 일이다. 지금까지 부하직원이 해주던 일도 내가 혼자 처리할 수 있어야 경쟁력 있다. 내 머릿속에 아무리 좋은 게 들어 있어도 그것을 남의 손 빌리지 않고 보여줄 수 없다면, 누가 그것을 내 것이라고 인정해주겠는가.

얼마 전 한 중견업체의 CEO를 찾는 프로젝트를 우리 회사에서 진행했다. 모든 후보자가 이름만 대면 알 만한 굵직한 회사에서 한 자리까지 다 하신 분들이었다. 가장 눈에 띄었던 분은 인터뷰 당일에 간략한 시장 상황과 필요한 전략까지 몇 페이지 분량으로 정리해서 인터뷰 자리에서 브리핑을 하신 분이었다. 정확한 수치로 설득하고 경험으로 커버하니 당연히 인터뷰 피드백은 좋을 수밖에 없었다. 회사에서 그동안 보고 받았던 자료를 들고 온 게 아닌가 할 수도 있지만, 내 생각은 다르다. 자료는 참고할 수 있지만, 자신이 입사할지 말지도 모를 회사에 내부 자료를 그대로 가져다 보여줄 임원은 없기 때문이다. 자기 생각을 자기 손으로 전달할 수 있어야 그것이 내 것이 된다.

공부하는 직장인, '샐러던트'란 말이 생긴 건 IMF가 10년 정도 지난 2000년대 후반이다. 평생직장 개념이 사라지면서 새로운 분야나 현재 자신이 몸담고 있는 분야에 대한 전문성을 높이기 위해 공부하는 직장이 늘고 있다는 것이다. 한 인터넷 업체의 조사결과를 보면, 직장인의 60%가 자기계발을 위해 교육을 받거나 공부를 하는 '샐러던트'라고 답했다. 연령별로는 20, 30대의 경우 60% 이상이 샐러던트라고 답했고, 40, 50대도 50% 이상이 본인을 샐러던트라고 답했다. 20, 30대에 비해 다소 비율은 낮으나 40, 50대 샐러던트는 공부에 대한 목표를 달성하는 비율이 20, 30대보다 월등히 높았다. 평생학습 전문기업인 휴넷이 자사 온라인 과정 수료율을 분석한 결과, 40, 50대는 80% 이상의 수료율을 보였으나, 20, 30대는 60%대에 머물렀다. 50대 부장급이 제일 열심히 공부한다는 뜻이다.

인맥 하면 제일 먼저 생각나는 것이 '6단계 분리(six degrees of separation)' 개념이다. 6명만 거치면 누구나 전혀 모르는 사람과 연결될 수 있다는 것이다. 미국에서 실시한 이 실험은, 무작위로 선정한 160명에게 매사추세츠 주와 보스턴에 있는 2명의 목표인물에게 편지 전달을 부탁하자 42개의 편지가 성공적으로 전달되고, 편지가 거쳐간 사람의 수가 5.5명이었다는 결과를 보여주었다. 연세대 사회발전연구소가 이와 유사한 실험을 한국에서도 실시했는데, 그때 거쳐간 사람의 수는 3.6명이었다고 한다. 한국 사회는 그만큼 더 좁다는 이야기다.

잠시 헤드헌팅에 대한 이야기를 하면, 헤드헌팅이야말로 6단계 분리 개념이 적용된다. 헤드헌터가 추천하는 사람들이 모두 평상시 헤드헌터와 교류가 있거나 잘 알고 지낸 사람들일 것 같지만, 실제 헤드헌터를 통한 이직자들의 대부분은 그 이전까지는 전혀 몰랐던 사람들이 더 많다. 3.6명을 거치지 않고도 한두 명만 거쳐서 소개에 소개를 받았더니 정말 적임자를 찾게 된 경우도 많았다. 헤드헌터로서 영업을 하거나 후보자 접촉을 위해서 누군가의 휴대폰 번호를 따내야(?) 하는 경우도 마찬가지이다. 전혀 일면식이 없는 회사의 대표이사 핸드폰 번호를 어떻게 확보할 수 있을까? 사실 대부분의 사람들이 전화를 받으면 물어보는 질문이 "그런데 제 연락처는 어떻게 얻으셨어요?"이다. 그 회사의 직원에게 물어볼 수도 있다. 그러나 부하직원들은 상사의 핸드폰 번호를 함부로 유출하지 못한다. 괜히 불똥이 튈까 무서워서다. 한국 사회는 더 좁다고 하지 않았는가. 목표인물이 분명하고 꼭 확보해야 하면, 3명만 통하면 어떻게든 얻어지는 게 연락처다. 아직까지 시도해본 적은 없지만, 아마도 3명만 통하면 청와대에 계신 분 연락처도 얻을 수 있을지 모른다. 중요한 건 그 연락처 확보가 가능한 3명을 알고 있는가이다. 그게 인맥이라고 생각한다.

많은 기업에서 내부 추천을 통한 채용이 일반적인 채용공고나 헤드헌터를 통한 채용보다 만족도가 높다고 한다. 일자리를 찾아준 그 사람들은 그들의 절친한 친구였을까? 『휴먼네트워크와 기업경영』이라는 책의 '네트워크와 일자리 찾기'라는 장을 보면, 보스턴의 한 지역에서 특정 기간 동안 직장을 옮긴 사람들을 분석해보았더니, 공식적인 채용 과정보다 개인적인 친분을 통해 이직한 사람들이 더 많았다. 그런데 가족이나 친구처럼 아주 가까운 사이가 아닌, 그저 아는 정도의 지인들을 통해 그런 기회를 얻은 사람들이 더 많았다고 한다. 가까운 사이일수록 비슷하고 같은 지식을 공유하다 보니 중복된 정보를 갖게 되지만, 자주 만나지 않는 사람들은 오히려 다양한 정보를 얻을 가능성이 더 높았다는 것이다.

늘 같은 공간에서 만나는 친숙한 사람들이 아닌 외부의 사람들을 더 알아두는 게 효과적이다. 그리고 좋은 자리가 있을 때 내 이름이 나올 수 있게 해두면 된다. 지나치게 조직에 충성하고 절대 안 옮길 사람으로 비춰지는 것도 이런 경우 별로다. 어느 정도의 여지를 사람들에게 남겨두는 것이 필요한 순간에 나에게 기회를 가져다준다. 이직의 기회와 좋은 평판까지 얻고 싶다면, 조직 외부의 사람들과도 시간과 노력을 들여서 인맥을 다져야 한다.

커리어 컨설턴트와 헤드헌터

헤드헌터를 시작하며 내가 갖게 된 가장 큰 행운은 좋은 보스를 만났다는 것이다. 지금은 글로벌 서치 펌의 한국 대표 펌으로 규모와 위상이 좋아졌지만, 내가 브리스캔영에 처음 입사했을 때는 회사가 규모도 작고 회사의 틀이 완전히 잡히기 전이었다. 보통 리서처(researcher)로 입사해서 후보자 서치부터 차근차근 단계를 밟아 본인 고객사를 가지는 정식 컨설턴트가 되는 데 몇 년이 걸리는데, 내 경우는 운이 좋았다고 할지. 같이 근무하던 리서처들이 하나 둘 개인적인 이유들로 회사를 떠나면서 리서처로는 혼자 남게 되었고, 자연스럽게 사장님과 직접 일할 기회가 많아지게 되었다. 아마 조직 규모가 이미 세팅되어 있던 회사였다면 다른 컨설턴트들 밑에서 일을 배워야 했을 것이다. 사장님과 일하는 것이 좋은 기회였던 것은 오너의 시각에서 회사나 일에 대해 접근하는 사고방식을 자연스럽게 배울 수 있었고, 그러다 보니 자연스럽게 로열티(royalty)를 쌓을 수 있었다는 것이다.

그러나 그보다 더 좋았던 점은, 가르치는 걸 좋아하는 보스로부터 헤드헌팅의 A부터 Z까지 개인 과외를 받다시피 배울 수 있었던 점이다. 사장님은 가르치는 걸 좋아하고 잘하시는 분이었는데, 늘 '잘 모르겠어요.'라며 문제거리를 들고 들어가면, 이면지를 뒤집어서 직접 그려가며 써가며 설명하셨다. M&A, 프로젝트 파이낸싱 같은 전혀 생소한 분야의 후보자를 서치해야 할 때면, 해당 직무에 대해서 설명하는 것부터 그 직무들이 포함된 전체 기업금융 조직을 그렸고, 외국계 기업금융 조직과 국내 기업금융 조직은 구조는 유사해 보이나 하는 일과 분위기, 조직이 어떻게 다른지를 하나하나 설명하셨다. 그런 개인 과외를 받을 수 있었으니, 나는 내가 헤드헌팅을 시작하면서 만난 큰 행운이라고 생각한다.

그런 알량한 초짜 헤드헌터에게도 사람들은 아는지 모르는지, 본인 커리어를 상담하려고 전화나 이메일을 많이 보내왔는데, 국내 야간 MBA를 가는 게 나을지 해외 MBA를 가는 게 비용 투자 대비 더 나을지 등등 많은 질문들을 받았다. 본인 인생에는 중대한 결정일 텐데 알량한 초짜가 무턱대고 답변해줄 수가 없어서, 그런 응대를 할 때도 사장님께 다 묻고서 답변을 주었다. 그때 사장님이 나에게 가르치신 건 '커리어 컨설팅과 헤드헌팅은 다르다. 커리어 컨설팅을 하느라 시간을 많이 낭비하지 마라.'였다. 커리어 컨설팅은 설계자의 느낌으로 직무 경험을 쌓아 커리어 업을 하는 방법을 제시하는 일인데, 그것은 헤드헌팅의 일부분일 뿐 헤드헌터의 업무 1순위가 아니라는 이야기다. 헤드헌터의 1순위는 서비스 수수료를 주고 원하는 사람을 찾길 원하는 고객사의 요구를 만족시키는 일이지, 후보자 개개인의 커리어 상담을 해주는 것은 우선순위가 아니다. 업무의 포커스(focus)가 다르다. 그때부터는 그냥 무작정 오는 이메일이나 전화에 오랜 시간을 투자하지 않게 되었다.

헤드헌터에게 커리어 업을 위한 경력 설계를 묻는 사람들은 일단 헤드헌터를 한 번 만나서 이야기해보자고 생각하는 경우도 많다. 그러나 헤드헌터 입장에서는 업무 포커싱과는 거리가 있는 이야기이다 보니, 헤드헌터 입장에서 필요한 사람이 아닌 경우는 대부분 직접 면담까지 하는 경우는 거의 없다. 그런 경우는 커리어 컨설팅을 하는 곳을 찾아야 한다. 물론 헤드헌팅과 커리어 컨설팅을 같이 하는 곳들도 있다. 그런 곳을 가면 되는 것이다. '약은 약사에게'처럼 커리어 컨설팅을 전문으로 하는 사람이 헤드헌터보다 전문적으로 상담해줄 수 있는 일이다. 헤드헌팅만 전문으로 하는 서치 펌에서 커리어 상담을 받기는 어렵다. 헤드헌터는 많은 사람을 많이 만나는 것이 아니라, 필요한 사람을 필요할 때 만나는 것이 익숙한 직업이다.

이력서부터
만들라

큰 나무도 가느다란 가지에서 비롯된다.
십층 탑도 작은 돌을 하나씩 쌓아올리는 데서 시작된다.
마지막에 이르기까지 처음과 마찬가지로 주의를 기울이면
어떤 일도 해낼 수 있다.

- 노자

이직을 하려면 당연히 이력서부터 만들어 놓아야 한다. 무척 당연한 이 사실을 잊어버리는 사람이 많다. 갈 만한 자리가 생기면 만드는 게 아니라, 만들어놓고 갈 자리에 맞춰 보완해서 내놓는 것이다. 이직은 능력만으로 되는 것이 아니다. 시간과 운이 맞아야 한다. 시간 절약 측면에서도 이력서는 미리 써놔야 한다. 아직도 이직에 대해 조심스러운 40, 50대들은 이력서를 쓴다는 것만으로도 회사에 미안한 마음을 갖는다. 하지만 그건 전혀 가질 필요가 없는 생각이다. 오너가 아닌 이상 여러분 회사의 CEO도 지금 이 순간 이력서를 새로 작성하고 있다. 이력서를 미리 쓴다는 건 전혀 미안해할 필요가 없는 일이다.

헤드헌터인 나는 당연히 지인은 말할 것도 없고, 이직 시장이 어떤지 묻는 문의 전화들까지 많이 받는다. 대부분 일단은 상황이 어떤지 보고 시작해볼까 생각한다. 그러나 그렇게 접근해서는 아무것도 시작되지 않는다. 아는 사이라고 해도 구체적인 경력을 모르는 경우가 허다하다. 어느 팀으로 입사해서 어떤 계기를 거쳐 어떤 경력을 쌓았다는 말로만 설명하는 것이 어느 정도 정확할까? 게다가 그 기간이 20년이 넘는다면 말이다. 그리고 듣는 사람은 그 내용을 얼마나 정확히 기억해줄까? 일단 이력서 없이 말로 하는 설명은 그 사람의 경력과 장점 등을 명확하게 파악하기 어렵다. 명확하게 파악하지 못했는데 어떻게 맞는 자리를 연결해주겠는가? 그럼 명확하게 파악할 때까지 시간을 두고 이야기하는 방법은 어떨까? 아마 나는 괜찮을지 몰라도, 상대방이 기다려주지 않을 것이다. 서류를 놓고 이야기할 때 많은 시간이 절약되고 보다 명확한 의사소통이 가능하다.

막상 이력서를 직접 써보면, 쉽게 술술 쓰는 사람보다 어려운 사람이 대부분이다. 이력서를 써본 경험이 신입사원 시절 이후로 거의 없기 때문이다. 그때는 회사에서 정해준 양식에 맞춰서 칸만 채워 넣으면 되었던 것 같은데, 요즘은 왜 이렇게 형식도 다양한지. 간단하게만 쓰자니 모자란 것 같고, 디테일하게 쓰자니 너무 없어 보이는 것 아닌가 싶기도 하다. 단순한 이력서 형식만으로도 고민이니, 이력서 쓰는 데 시간이 걸린다.

내 입장에서는 상황 파악 정도만 해보려 했는데, 누군가 그럼 이력서 좀 보내보라고 불쑥 이야기할 때 써놓은 이력서가 없다고 하면 어떨까? 이제부터 이력서를 써야 한다고 말하는 순간, 이직할 준비도 안 되어 있으면서 말부터 꺼낸 사람이 되고 만다. 이럴 경우에는 이력서를 이제부터 써야 한다가 아니라, 회사 일이나 다른 일이 있어서 2~3일 안에 바로 보내겠다고 말하는 게 낫다. 이력서 하나 써놓지 않고 이직을 이야기하는 것은 맨몸으로 전쟁터에 뛰어드는 것이나 마찬가지다.

이력서를 쓸 때는 문방구 이력서 형식만은 피하는 게 좋다. 이력서는 업무 중심으로 개인의 강점을 홍보하는 수단인데, 문방구 이력서로는 상세 업무 기술이 전혀 되지 않기 때문이다. 그저 몇 년에 한 번씩 어느 회사 어느 부서였다는 것만으로 그 사람의 경력을 말 그대로 추정할 뿐이다. 전혀 나를 모르는 사람이 이력서를 통해 나의 강점과 역량을 파악할 수 있을 정도로 써야 한다. 읽는 사람의 입장에서 써보면 가장 쉽다. 그래서 쓰고 읽고 다시 고치는 작업을 해야 한다. 전혀 모르는 사람이 읽어도 이해할 수 있어야 한다. 예를 들어 요즘 한참 수요가 많은 정보 보안 분야가 있다. 전산 시스템도 어려운데 정보 보안이라니. 이력서를 들여다보면 다 암호 같다. 그럼에도 불구하고 정보 보안을 전혀 모르는 사람 입장에서도 쉽게 이해되고 그 사람의 역량을 파악하기 용이한 잘 쓴 이력서들이 있다. 어떻게 써야 가능할까?

첫째, 형식이 중요하다.

앞서 이야기했듯이 문방구 형식 이력서는 당연히 피해야 한다. 이력서는 hwp나 MS-word 형식의 파일로 만든다. 40, 50대에게는 흔하지 않지만 간혹 파워포인트 형태의 이력서를 만들어 보내는 후보자들도 있다. 기본적인 경력에 본인이 진행해온 프로젝트들을 그림 등을 삽입해서 만드는 경우인데, 말 그대로 과유불급이다. 이력서에 많은 것을 넣을수록 자기 PR이 잘되는 것이 아니라, 채용 담당자 입장에서는 무엇이 모자라서 이렇게까지 노력했을까하는 부정적인 생각이 들게 된다. 엑셀도 마찬가지다. 엑셀이 뭔가 딱 떨어지는 느낌이 들어서 엑셀로 만들지만, 아시다시피 엑셀은 수식을 위한 도구이다. 엑셀을 쓰면 워드로는 그런 틀을 만들기 어려워하나 하고 생각하게 된다.

분량은 A4 1~2장이면 충분하다. 그 이상 쓸 필요도 없다. 이력서를 메일로 전송할 때도 마찬가지다. 메일 본문에 장황하게 다시 본인 경력과 희망사항 등을 설명하지 않아도 된다. 간단한 인사말이나 정중한 부탁의 말 정도면 충분하다.

둘째, 선택과 집중이 필요하다.

20년 이상의 업무 경력을 서술하는 것은 쉬운 일이 아니다. 문서복사부터 시작해서 조직을 총괄하는 자리에 오르기까지 그 세월이 간단했을까. 하지만 이력서를 작성할 때는 지금까지 해왔던 많은 업무를 서류상에서 버려야 한다. 선택과 집중이다. 내가 지원하는 회사의 직무에 맞게 써야 한다. 영업직에 지원하면 영업에 맞는 이력서를, 기획직에 지원하면 기획에 맞는 이력서를 써야 한다. 영업임원을 뽑을 때 채용 회사에서 궁금한 것은 지원자가 영업 조직을 어떻게 운영해왔고, 얼마만큼의 성과를 냈는지 하는 것이다. 영업에 관련된 내용 중심으로만 쓰면 된다. 그 외 내용은 간단하게 언급만 하면 된다. 예를 들어 20년 동안 5개 정도의 부서나 직무를 거쳤다고 생각했을 때, 한 부서 당 4년을 잡는다. 그럼 5개 부서에 대한 업무 경력을 균등 분할해서 같은 비중으로 쓰는 것이 아니라, 최근 경력 순으로 8:6:2:2:2의 비율로 집중한다.

셋째, 최근 경력부터 쓴다.

입사 시점부터 현재까지 파노라마로 기술하는 것이 아니라, 현재부터 입사 당시까지 거슬러올라가는 것이다. 최근 경력부터 서술하는 것이 시작이다. 이유는 가장 마지막 경력이 나의 핵심 역량으로 사람들에게 인식되기 때문이다. 내가 최근 5년간 영업조직에 있었고, 그 전 10년간 마케팅 기획을 했다고 하면, 나의 핵심 역량은 영업에서 출발한다. 지원 전략도 이와 같아야 한다. 하자고 마음먹으면 못 할 일이 없겠지만, 명확한 포인트를 가지고 접근해야 전문성 있는 후보자로 평가받는다. 모든 일을 다 할 수 있다가 아니라, 이 분야의 전문가로 성과를 낼 수 있다는 접근이 필요하다. 내가 면접관이 되었을 때의 경험을 떠올려보면 쉽다. 해당 분야의 전문성을 가지고 바로 성과를 낼 수 있는 사람을 뽑지, 가능성을 가지고 사람을 뽑지는 않았지 않았던가.

넷째, 자기소개서는 선택이다.

자기소개서는 써도 되고 안 써도 된다. 경력직 이력서에서 자기소개서의 역할은 신입사원의 자기소개서와는 다르다. 신입사원의 자기소개서는 본인의 성장과정, 장단점, 가치관 등을 설명하는 용도이다. 반면에 4050 이력서의 자기소개서는 자기 자신의 개인적인 모습을 설명하는 것이 아니라, 기존 경력을 좀 더 유연하게 설명하기 위한 용도이다. 경력 기술서와 더 유사하다. 직무 기간별로 기술된 이력 부분을 어떠한 이유로 어떻게 경험해왔는지를 말로써 설명하듯이 하는 부분이다. 큰 이직 없이 한 분야에서 계속 경력을 쌓아온 사람이라면 굳이 쓸 필요가 없다. 앞서 이력서 경력사항에 충분히 넣었는데 굳이 할 필요가 없는 일이다. 하지만 업종을 바꾸었다든가 창업을 해보았다든가 하는 경력 상 특기할 만한 점이 있다면, 자기소개서를 써서 그 선택을 했던 당위성을 설명할 수 있다. 이런 경우에는 자기소개서가 보조적인 역할을 할 수 있다.

다섯째, 승승장구가 아닌 실패의 경험도 가치가 있다.

한 포털사이트에서 조사해보니 구직자 10명 중 3명은 이력서를 허위, 과장 기재한 적이 있다고 응답했다고 한다. 20대는 '아르바이트 인턴 경험'에서, 30대 이상에서는 '경력 사항', '학력' 분야 허위 기재 경험이 가장 많았다고 한다. 학력 부분은 요즘엔 범죄로 인식되니 당연히 피해야 할 부분이고, '경력'이나 '업무 성과' 부분은 많은 사람들이 남들도 다 하니까 괜찮다는 인식이 대부분이었다. 잘된 일뿐만 아니라 실패한 일도 내보일 수 있는 것이 자신감이다. 굳이 실패한 경험을 감출 필요가 없다.

헤드헌팅을 해보면 4050 이직에 있어서 실패의 경험이란 전혀 나쁜 것이 아니다. 온실 속에서 곱게 큰 사람보다 한두 번쯤은 실패를 경험해본 사람이 다른 조직에서도 적응하기가 수월하리라 예상하기 때문이다. 실패를 경험해본 사람이 융통성과 적응력이 있기 때문이다. 유엔 산하기관에서 홍보 담당관으로 일하고 있는 김정태 담당관이 취업 준비생들을 위해 쓴 책 중『스토리가 스펙을 이긴다』라는 책 중 '실패가 왜 최고의 스토리인가'에 나오는 구절을 소개한다.

쓴 약이 몸에 좋다고 하는 것처럼 쓴 경험이 스토리에 '감초'가 되기도 한다. 실패는 곧 실행과 경험이라는 값진 재료로 만들어진 훌륭한 스토리가 있다는 것을 의미한다. 그것을 활용해야 한다. 사실 스펙에는 실패가 들어설 자리가 없다. 어쩌면 실패가 발붙일 수 없는 스펙의 본성이, 스펙이 차별성을 갖지 못하는 근본적인 원일 수도 있다. 성공사례는 대부분 전형적이다. 그러나 실패는 그야말로 다채롭고 흥미진진하다. 실패를 경험한 사람들과 실패의 양상은 저마다 고유하다. 그리고 그 과정에서 배우고 익히는 것 역시 아주 내밀하고 개인적인 것이기에 소중하고 값지다. 스토리가 기억되듯, 실패를 통한 교훈 역시 각인된다. 그리고 사람들은 실패의 교훈이 각인된 만큼 우리를 신뢰하게 된다.

사람의 마음을 움직이는 것은 '실패 없는 성공(success without failures)', 즉 스펙이 아니라, '실패에도 불구한 성공(success even with failures)', 즉 우리의 스토리이다. 스토리는 실패도 환영한다. 가장 뼈아픈 실패를 들려주어라. 이야기가 끝나는 순간, 우리를 보는 세상의 눈이 달라질 것이다.

이력서부터 쓰자. 그게 이직을 위한 첫걸음이다.

[이력서의 유형]

<1> 1page 요약과 경력 기술을 하는 경우

　: 이 경우는 대표이사처럼 최종 결정권자에게 바로 보고

　되는 경우에 예의를 갖춘 형식이다.

연락처

생년월일

OOOO년 O월 OO일

학력 및 경력 사항

00.2　　OOOO초등학교 졸업

00.2　　OO중학교 졸업

00.2　　OO고등학교 졸업

00.2　　OO대학교 OO학과 졸업

00.8　　OO대학교 대학원 경영학과 졸업

00.5　　예비역 사관 소위 예편

00.7　　OO증권 인수공모부 입사 IB 부문 12년 근무

00.12　OO증권 OOO지점장

00.1　　OO증권 OO지점장

00.1　　OO증권 IB 1 부장

00.3　　OO증권 금융상품법인 영업1부장

00.3　　OO증권 IB 2 부장

00.3　　OO증권 기업금융 1본부장

00.8　　채권시장발전협의회 위원

주요 업무 경력 및 딜 수행

OO증권㈜ 근무(OOOO년 7월 - OOOO년 3월까지 약 22년 근무)

상무보, 기업금융 1본부장 (2008년 3월 - 2009년 3월)

- RM(Relation Manager)업무로서 기업의 needs 및 상황에 맞는 적절한 자금조달 solution이 제공될 수 있도록 기업창구 역할의 영업을 하고 회사 내의 다른 PM(Product Manager) 부서와 협업하는 업무
- 회사채, 신주인수권부사채(BW), 전환사채(CB), 교환사채(EB) 등 채권 인수 주선 업무, 공모증자 IPO 등 상장 비상장 주식 공모 업무, M&A 업무, IPO 업무, ABS(자산유동화 증권) ABCP 발행 및 structured finance 업무, 외화표시채권 인수 주선 업무, 주식 블록 매각 등 지분 매각 주관회사 업무, 사모BW, 사모CB 등 사모 사채 중개 업무 수행
- 예금보험공사 및 정리금융공사 보유 하이닉스 주식 매각 주간사 수행 중
- 신용보증기금 P-CBO 발행 주간사 3차례 수임(Pooling업무)
- 하이닉스 3,240억 일반공모증자 대표주관회사 수임(8억 수익 획득)
- 연합과기 등 외국기업의 국내 IPO 수행
- 회사채 부문 : 대한항공, 하이닉스, KT, KTF, GS그룹, SK그룹, LG그룹, CJ그룹, 중부발전, 롯데그룹, STX그룹 등 발행 회사채

대부분 거래 및 인수하여 본부기준 시장 MS 6% 달성 및 계열사 바
터 제외 시 MS 1위
- 공모증자 부문 : 하이닉스, 부산은행, 전북은행, STX, 남광토건
  등 대형 공모증자 모두 참여 유치하여 11건 수임하여 시장 MS 약
  30% 차지하여 압도적 MS1위 달성
- IPO부문 : IPO 부문 1위 달성
- 사모 BW 인수중개 부문 :
-
-

<추가 기입>

주요 자격증 및 수상 실적

- 증권, 펀드, 파생상품 투자 상담사
- 증권 분석사
- -
- -

⟨2⟩ 구체적인 경력 기술 중심

○ ○ ○

연락처

학력

Sep.'00 ~ Dec.'02   OOOO대학교 도시계획과 졸업(석사)

Mar.'93 ~ Dec.'99   OOOO대학교 식량자원학과 졸업(학사)

경력

Apr.'00 ~현재 OO투자증권 프로젝트 금융본부 프로젝트파이낸스 부

- 우크라이나 복합개발사업 진행 중
- 사업 타당성 분석 및 초기 진행을 위한 펀드 모집(31억 원, 4개 건설사, 1개 재무적 투자자)
- 용역 발주 및 관리(회계, 법률, 부동산 시장 분석)
- 현지 파트너 사와의 협의
- OO건설 두바이 오피스
- 250억 원 ABL 구조 협의 및 실행

May.'00 ~ Mar.'00   OO건설㈜ 개발사업본부 개발1팀

- OO시 주상복합(수지 출장소 부지) 사업 타당성 분석

- 사업 손익 분석
- 주택 부분 분양성 검토 및 상업시설 용역발주
● OO상가 OO구역 사업 타당성 분석
- 공모기준에 따른 사업성 및 설계 분석
- 사업 손익 및 분양 타당성 검토
● OO 제O구역 사업성 검토
- 시행사: OO
- 사업 손익 및 분양전략 수립
● 인천 청라 지역 외국인 투자유치 프로젝트 사업성 검토
- 공모기준 분석
- 사업구도 및 컨소시움 협의
● 기타 TFT 성격의 Serviced Residence, 오피스 프로젝트 등의
  사업성 검토

이력서 쓰기는
스킬이다

Well begun is half done. 시작이 반이다.

- 아리스토텔레스

잦은 이직 횟수와 짧은 재직 기간은 이력서 상에서 보여주기 싫은 부분이다. 그래서 어떤 사람들은 짧은 재직 기간을 하나로 합쳐 이직 횟수를 줄이기도 한다. 엄연한 부정행위인데 아무런 자각 없이 하는 사람들이 종종 있고, 헤드헌터에게 그런 이력서 작성을 상의하기도 한다. 본인이 하는 행위가 부정행위라고 생각하지도 않고 하는 사람을 고객사에 추천하고 싶은 헤드헌터는 없다고 생각한다. 실제 헤드헌터가 그런 사실을 모르고 추천했다 하더라도, 채용 과정에서 결국 공개되기 마련이고, 해당 이유로 채용이 취소되는 경우도 있다. 또 이직 횟수를 줄이는 것만큼이나 많은 사람들이 하는 것이 경력 부풀리기이다. 팀 전체가 진행하고 내가 한 역할이 일부분이지만, 전체 프로젝트를 리딩해본 것처럼 이력서에 경력 기술을 한다거나 실적 등을 과대 포장하는 경우다.

2013년도 한 채용 포털에서 이력서 과장에 대한 경험을 설문 조사했는데, 구직자 10명 중 3명은 이력서를 과장하거나 허위로 기재한 경험이 있으며, 절반 이상은 이력서를 포장하는 것에 대해 괜찮다고 생각하는 것으로 조사됐다. 연령별로는 20대 27.7%, 30대 46%, 40대 32.6%, 50대 이상 25%로, 30대가 가장 이력서 부풀리기 경험이 많은 것으로 나타났다. 항목별로는 20대는 '아르바이트, 인턴 경력'이 30.4%로 가장 많았고, 30대(32.5%)와 40대(30.6%)는 '직장 경력 기간'을, 50대 이상은 '성격 장단점'(21.6%)을 가장 많이 부풀렸다고 응답했다. 그 중에서도 '학력'의 경우에는 40대(9.3%)와 50대 이상(12.2%)이 20대(4.5%)와 30대(4.4%)보다 2~3배 가까이 경험이 많은 것으로 나타났다. 이력서 과장, 허위기재 경험뿐만 아니라, 이에 대한 윤리적 불감증도 상당했다. 이력서를 포장하는 것에 대해 응답자의 56.7%는 '어느 정도는 괜찮다고 생각한다'고 답해, 응답자의 절반 이상이 이력서 부풀리기에 관대하게 생각하는 것으로 조사됐다. 반면 '절대 안 된다'는 27.6%로 나타나, 괜찮다는 생각과 2배 이상 차이가 났다.

그런데 이직 횟수, 학력을 속이는 것과 달리 경력을 과장하는 경우는 명백한 부정행위라고 판단내리기엔 애매한 부분이 있다. 객관적 잣대로 판단하기 어렵기 때문이다. 보통 이것을 검증하는 것은 인터뷰에서 면접관의 역할이다. 실무에 대한 구체적인 질문을 해서 경험을 가늠해보는 것이다. 어쩌면 경력 기술에 대한 부분은 이력서 작성의 '스킬'과 '과장' 사이에서 줄다리기를 하는 건지도 모른다. 좋게 말해서 '스킬'이라 표현하는 이력서 쓰기는 이직을 위한 준비 과정에서 필수적이다.

어찌되었건 이력서란 자기 경험을 PR하는 마케팅 수단이다. 얼마나 잘 표현하는가는 스킬이다. 이력서는 앞 장에서 이야기한 형식도 중요하지만 역시 내용이 중요한데, 대부분의 이력서는 이 스킬을 얼마나 잘 발휘하느냐에 따라 시장에서 팔리느냐 팔리지 않느냐가 결정된다. 그런데 헤드헌터가 하루 종일 하는 업무가 이력서를 보는 일이니, 간혹 이력서를 본인 대신 써줄 수 없는지 문의를 받기도 한다. 불가능한 일이다. 기본적으로 이력서를 보기 좋게 바꾸는 정도면 모를까, 대신 쓴다는 것 자체가 '창작', '허구'이다.

창작이 아닌 스킬의 이력서 쓰기는 어떻게 해야 할까? 수정에 수정, 업그레이드를 거치는 방법이 최고다. 1단계는 우선 전체 경력을 최대한 길고 자세하게 쓴다. 거쳐온 모든 부서와 회사의 규모, 업종, 맡았던 역할, 업적을 상세하게 써본다. 빠뜨림 없이 썼는지 계속 확인해본다. 빠짐없이 썼다면, 그 다음 단계로 넘어간다. 2단계는 읽는 이의 관점에서 생각해본다. 읽는 사람이 영업 총괄 부서장이라면, 재무 총괄 임원이라면 어떤 점을 중심으로 볼까. 직무에 따라 읽는 관점이 다르고 업종에 따라서는 보는 시각이 다를 것이다. 읽는 사람의 입장을 고려해서 어떤 부분을 강조하고 어떤 부분을 삭제할지 생각하는 것이다. 지원하고자 하는 포지션의 업무 역량 중 우선순위가 영업인지 조직 관리인지에 따라 강조의 우선순위도 달라지는 것이다.

우선순위가 정해지면, 우선순위 위주 상위 2~3개 부분으로 초점을 맞추어 작성한다. 나머지는 삭제해도 된다. 경험하지 않은 일은 없겠지만, 해왔던 모든 일을 강조하기보다 전문 분야를 강조하는 것이 보다 큰 신뢰를 준다. 여기까지만 해도 충분하지만, 좀 더 여유가 있다면 3단계로 넘어간다. 3단계는 다양한 버전으로 써보는 것이다. 경력 기술 중심의 상세한 버전, 주요 단계 위주로 한 심플한 버전, 임원 제출용의 요약 형 버전으로 만들어본다. 그렇게 만드는 과정에서 자연스럽게 본인 강점도 정리될 것이다.

그런데 이 스킬이 너무 능수능란해도 신뢰하기가 어렵다. 아슬아슬한 줄다리기라는 표현이 맞다. 헤드헌터가 접촉하는 후보자들 중에는 업종과 직무에 따라 다양한 버전을 준비하고 지원하는 직무에 맞춰서 바로 바로 이력서를 새로 업데이트 해주는 후보자들이 있다. 본인을 잘 팔기 위해서는 맞는 일인데, 어쩐지 너무 능수능란해도 의심이 간다. 그런 경우 정말 경력 부분에서 과장이 없는지 눈에 불을 켜고 봐야 한다. 사실 후보자를 검증해서 추천해야 하는 서치 펌도 허위 사실을 알아채기는 어렵다. 하지만 그럼에도 불구하고 발견되는 경우들이 있는 편인데, 가장 흔한 경우가 이력서 대조이다. 본인이 과거에 보낸 이력서까지는 회수가 안 되기 때문이다. 헤드헌터들도 보통 업종에 따른 전문성을 가지고 오래 일을 하기 마련인데, 몇 년 전에 보냈던 이력서와 새로 받은 이력서가 상이하면 당연히 둘을 대조해본다. 대조해봤을 때 가장 많이 발견되는 것은 앞서 이야기한 짧은 재직 기간을 합쳐서 편집하는 경우, 팀원으로 일했으면서 팀장 역할을 수행해본 것처럼 직급이나 역할을 꾸미는 경우 등이다. 이런 경우는 '스킬'이 아니다. 부정행위라는 인식이 필요한 것 같다.

이력서가 자기 PR의 마케팅 수단이라고 했는데, 이력서에서 감춰지지 않는 부분이 있다면, 그것은 그 사람이 근무한 업종과 본인 성격이다. 이력서도 다 개성과 성격이 있다. 한 페이지로 심플하게 경력 요약을 해서 보내오는 사람들부터 본인이 인터뷰한 기사 스크랩, 출간한 책의 내용까지 첨부해서 열 장 이상을 보내오는 사람도 있다. 업종에 따라서도 많이 다른데, 보통 외국계 금융사나 컨설팅 회사 사람들은 기본적인 경력과 학력은 물론 취미생활까지 포함하여 한 페이지짜리로 완성시키는 이력서가 보편적이다. 공공기관 관련 업무를 많이 했던 사람들은 1), 2), 3)처럼 공문서 형식으로 앞머리를 달아서 경력 기술을 많이 한다. 그래서 보내온 이력서만 봐도 '아 이 사람은 공기업 스타일이구나', '본인PR에 공을 들이는구나' 하고 1차적으로 판단하게 된다. 그런데 이력서에도 개성이 있다는 말은, 성격은 다 가릴 수 없지만 만약 본인이 지원하는 업종이 있다면 그 업종에서 통용되는 형식의 이력서에 맞춰야 한다는 뜻이기도 하다.

보통 서치 펌에서 고객사에 추천할 때는 해당 서치 펌의 추천 양식에 맞춰서 형식을 평준화를 시켜서 보낸다. 이유는 여러 가지겠지만, 보통 복수의 후보자를 추천하는 서치 펌 입장에서는 한 명의 후보자를 밀기보다는 객관적으로 고객사가 판단할 수 있도록 하기 위해 서류부터 통일하는 것이다. 열 몇 장짜리 이력서도 최대한 경력 중심으로 다른 후보자들과 비슷한 분량 수준으로 맞추는 것이다. 이것을 추천서 작업이라고 하는데, 추천서 작업 역시 작성자의 시각에 따라 많은 부분을 담고 있다. 기계적으로 통일화시키는 것이 다가 아니라, 진행하는 포지션의 필요 역량과 후보자의 강점을 살리는 방향으로 이력서를 편집하는 것이다. 큰 틀은 바꾸지 않더라도, 일목요연하게 보일 수 있도록 하는 것이 추천서 작업의 '스킬'인 것이다.

결국 이력서 쓰기는 연습을 통한 스킬 획득과 같다. 많은 자기개발 서적에서 본인 경력 관리를 위해 '6개월에 한 번은 이력서를 업데이트'하라는 조언을 많이 하는데, 기왕 하는 업데이트라면 다양한 버전으로 다양하게 써보는 것이 좋다.

전화와 문자만으로
1차 스크리닝을 끝낸다

개인적으로 관상을 믿는 편이다. 정확히는 관상이라기보다는 인상이 맞을 것이다. 첫인상에서 얼굴을 보고 많은 것을 판단한다. 비과학적이라고 한 소리 들을 수도 있겠지만, 오랫동안 사회생활을 하며 많은 사람들을 면접 보고 채용해본 사람들이라면 다 공감할 것이라고 생각한다. 얼굴은 그 사람을 보여주는 것이기 때문에, 눈빛이 살아 있고 자신감 있고 표정이 밝은가가 채용 면접에 얼마나 큰 영향을 주는지는 따로 설명할 필요도 없다고 생각한다. 관상에 대한 책도 사실 몇 권 봤는데, 인상 깊은 구절은 '관상불여음상(觀相 不如音相)'이다. '사람을 판단하는 데 얼굴의 상(相)이 목소리의 상(相)만 못하다'는 말로, 목소리가 인물을 판단하는 데 더 정확하다는 뜻이다. 아무래도 신뢰를 주는 목소리는 남녀 불문 중저음이다. 목소리는 타고나는 것인데, 그런 복이 없는 사람은 어찌해야 하나.

타고난 목소리와 인상을 커버하는 것은 스킬과 연습으로 만들어진 '매너'다. '매너가 사람을 만든다'고 하지 않던가. 거창하게 3단계 판별법이 있다. 첫 단계는 첫 번째 전화 통화이다. 처음 통화를 할 때 이야기 진행이 매끄럽고 퇴직 사유를 이야기할 때 설득력이 있으면 1차 OK이다. 두 번째로 미팅 스케줄을 잡거나 업무 연락을 하느라 문자 메시지를 보낼 때, 본인 소속과 함께 바로 회신이 오면 2차 OK. 간단하게 문자 마지막에 '000 드림'이나 시작 부분에 '000의 000입니다'라고 오는 경우다. 문자가 메일도 아니고, 요즘엔 카카오톡처럼 쉬운 메신저도 많은 세상에 무슨 구닥다리 같은 경우냐고 생각할 수 있겠지만, 그 작은 차이가 사람을 판단하는 기준이 된다. 업무상 나는 많은 임원들을 만나는데, 그 바쁜 임원들은 다 그렇게 문자를 보낸다. 그분들이 구닥다리여서가 아니라, 그게 상대방을 배려하는 매너임을 익혀왔기 때문이다.

가장 마지막은 미팅 후 돌아가면서 오늘 시간 내서 만나서 좋았다는 간단한 '땡큐 문자'까지 오면 3차 OK. 이 정도 매너를 갖추었다면, 업무적인 평가 이외에 개인적인 인품에 대한 평가는 1차적으로 끝난다고 생각한다. 이런 매너를 갖춘 사람을 진행했을 때 결과가 좋지 않은 적이 없다. 채용이라는 게 과장이면 과장급, 부장이면 부장급 같은 경력 연차를 가진 동년배들을 대상으로 진행하는 건데, 특별한 업적이 있는 경우라면 모를까, 비슷한 경력과 연차를 가진 사람 중에 인성이 좋은 사람을 뽑는 경우가 거의 대부분이기 때문이다.

단시간에 나의 인성을 설명하는 방법은 좋은 인상과 매너밖에 없다. 평상시 관리하는 방법이 전부다. 그래서 대학생들 취업 강의를 나가면 무조건 첫 강의 마무리는 이메일 작성과 문자 연락 방법을 가르친다. 반드시 소속과 이름을 먼저 알리고, 용건을 적고, 요청사항이 있을 경우는 '언제까지 부탁드립니다'라고 꼭 명시하는 것이 기본 중에 기본이며, 아마추어가 아닌 프로의 세계에 첫 발을 들이고자 하는 학생들에게 가장 필요한 것이라고 생각한다.

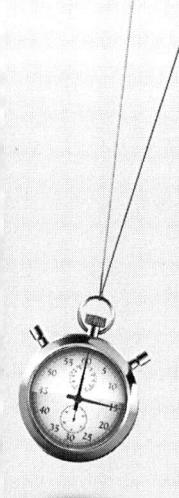

전문 분야 중심으로
범위를 제한하라

의심으로 가득 찬 마음은 승리로의 여정에 집중할 수 없다.

-아서 골든

임원은 전문 분야가 없다는 말이 있다. 한 가지 분야만 아는 것이 아니라 재무, 전략, 영업, 인사 모든 부분을 아우를 수 있는 사람이 임원이기 때문이다. 꼭 임원이 아니더라도 직장생활을 20년쯤 하다 보면 전체적인 그림을 그리고 각 분야의 경험을 두루 쌓게 된다. 그래서인지 종종 업무에 있어선 베테랑인 선수들이 이직을 할 때는 아마추어 같은 이야기를 한다. 영업부서에서 오래 있으며 사람관리를 해봤으니 인사 팀장이나 경영관리 팀장 정도는 할 수 있지 않겠냐고 한다. 오너가 아는 사람이면 모를까, 현직 인사 팀장이나 경영관리 팀장이 들으면 코웃음을 칠 일이다. 어떤 업무든 핵심 역량과 경험이 필요한데, 대충 해본 걸로 먹고 살 문제를 해결하겠다는 소리니, 참 아마추어 같은 이야기다.

베이비부머 세대는 1955년에서 1963년 사이에 태어난 사람들이다. 이미 베이비부머의 은퇴는 본격적으로 시작되었다. 퇴직 압박에 시달리는 많은 베이비부머 가장들이 우울증을 앓는다는 기사는 참 씁쓸하다. 한 신문기사에 따르면, 건강보험 심사평가원이 조사를 했더니 병원을 찾은 우울증 환자 가운데 50대가 21%로서 지속적으로 늘고 있다고 한다. 베이비붐 세대가 퇴직 연령에 접어들면서 사회, 경제적으로 겪는 어려움 때문에 우울증이 늘고 있다는 것이다. 특히 남성들의 경우 자존심 때문에 우울증 치료를 기피하는 경향이 크다고 했다. 그렇게 은퇴한 베이비부머들은 다 어디로 갔을까? 자영업 창업이나 신설 법인 설립이 가장 많았다. 개인적으로 자영업과 신설 법인 중 하나를 고르라면 신설 법인에 손을 들어주겠다. 이유는 자영업보다는 신설 법인이 그동안 내가 해온 일과 연관 있을 가능성이 많기 때문이다. 프랜차이즈 담당자나 창업 컨설턴트와 2~3개월 고민해서 시작한다 해도, 내가 20년 이상 해온 일보다 전문성을 가지긴 어렵다. 내가 잘 아는 곳에서 시작해야 한다.

현대경제연구원에서 '자영업자 진입-퇴출 추이 특징'을 발표했는데, 2013년 기준으로 진입자는 16만 2천 명인 데 비해, 퇴출자는 29만 7천 명이라고 한다. 진입자보다 퇴출자가 더 많다는 이야기다. 연령별로 보면, 40대 퇴출자는 29만 7천 명으로 전체 퇴출자의 45.3%를 차지했다. 베이비붐 세대를 포함한 50대 이상에서도 진입자는 줄고, 퇴출자는 증가했다. 보통 퇴직 후 성급하게 창업을 하니 생활밀접 형 자영업 업종이 더 과밀화되고, 과다 경쟁으로 폐업을 겪게 되는 악순환이 초래되고 있는 것이다. 그래서 전문가들은 자영업 창업을 하려면 본인이 잘 아는 곳에서 철저한 준비를 거쳐 시작하라고 조언한다.

이직도 마찬가지다. 이직을 결심할 때 '이제 더 이상 이 업종은 지겨워서 다른 일을 해보고 싶다'는 말을 많이 한다. 4050 이직자 열 명 중 아홉 명이 하는 이야기다. 그렇다면 그동안 하던 일과 다른 일을 하는 사람은 몇 명이나 될까? 자영업자로 변신하거나 아는 사람 회사에서 일을 도와주는 것 말고는 전혀 없다. 생각을 바꿔야 한다. 내가 쌓아온 날들과 결별하는 것이 아니라, 그 일과 연관된 일을 하면서 또 다른 일을 준비할 시간을 가져야 한다. 큰 이직 없이 직장생활만 열심히 했던 사람들에게 직업이나 직장을 바꿔가며 커리어를 설계해가야 한다는 것은 어려운 일일 수 있다. 이 업계에서 임원까지 했으면 할 만큼 다 했는데, 임원 타이틀을 내려놓고 조직을 떠나서 무엇을 할 수 있을까, 감이 잘 안 올 수도 있다. 역시 생각부터 바꿔야 한다. 생각을 바꿔야 자신감이 생기고, 자신감이 생겨야 궁리가 가능하다. 조직이 나를 키웠는가? 내가 조직을 키웠는가? 내가 키웠기 때문에 조직이 있는 것이다. 조직의 타이틀을 떼도 나는 건재하다. 그러니 업종을 떠날 생각을 하지 말고, 해왔던 일 안에서 다시 일을 찾아야 한다.

보통은 지금까지 근무했던 기업보다는 작은 곳으로 간다. 그런데 인맥을 통하지 않고는 그런 자리를 찾는 것도 막막하다고 한다. 그럼에도 불구하고 두드리면 열린다. 나의 경험이 온전히 자산이기 때문이다. 그런데 무턱대고 아무 곳이나 두드리는 것이 아니라, 기존에 쌓아왔던 경험과 연관성이 있는 곳으로 가야 한다. 한 다리 건너면 다 아는 처지라 싫다고 버틸 때가 아니라는 것을 알아야 하는 시점이다. 애먼 곳에서 궁리하는 것은 시간낭비지만, 전문 분야 안에서 궁리하는 것은 모색이기 때문이다. 무조건 떠날 생각부터 하지 말고, 어떻게 떠날지 고민하는 것이다.

전문 분야 중심으로 범위를 제한할 때 우선순위는 경쟁사, 거래처, 경쟁사나 거래처에는 해당하지 않지만 해당 분야의 인맥과 자원을 이용하는 곳이다. 보통은 경쟁사나 거래처로의 이직이 수월하다. 경쟁사나 거래처에 대한 정보는 이미 가지고 있으니, 그곳을 어떻게 두드릴지 고민하는 것이다. 인맥을 이용할 수도 있고 헤드헌터를 통할 수도 있다. 전혀 모르는 분야를 고민하는 것보다는 시간과 노력도 줄일 수 있다는 것이 아는 곳을 두드려야 하는 가장 큰 이유이다.

전문 분야 중심으로 범위를 제한해야 하는 가장 큰 이유 중 하나는 연봉과 같은 근무 조건도 고려해야 하기 때문이다. 자기 분야가 아닌 곳으로 가면 그만큼 대접받기가 어렵다. 굳이 지금껏 쌓아온 이력을 놓을 필요가 없다.

직무 역량(Job Competency)이란 직무를 효과적으로 수행하여 탁월한 성과를 얻는 데 필요한 종업원의 내재적 특질로 정의된다. 예를 들어 직무 수행에 필요한 지식, 전문성, 특정한 스킬 등이 포함된다. 가능성만을 가지고 뽑아달라고 말하기란 어렵다. 본인이 제대로 대접받을 수 있는 분야에서 승부를 해야 하는 것이다. 다른 일을 해볼까 궁리하는 시간을 줄이고, 본인이 잘 아는 분야로 한정시켜 알아보는 것이 효과적이다.

이력서 노출을
주저하지 말라

믿음이 부족하기 때문에 도전하길 두려워하는바,
나는 스스로를 믿는다.

-무하마드 알리

아직도 평생직장 개념이 남아 있는 4050 세대들에게 이직을 준비하는 것을 외부에 알리는 일은 어려운 일이다. 하지만 소문을 내지 않으면 아무것도 시작되지 않는다. 인사팀에 들어가서 불편해지는 리스크 정도는 감수해야만 한다. 제갈공명이 출사표를 썼듯이, 이력서를 썼으면 세상 밖에 내놓아야 한다. 필수적으로 이력서를 알리는 몇 가지 방법을 소개한다.

(1) 지인

아는 사람을 통하는 일은 쉬운 것 같으면서도 어려운 일이다. 일단 자존심이 걸린다. 이력서는 나중에 필요할 때 보내더라도, 주변 지인들에게 이직 의사를 분명히 알려놓는 것이 필요하다. 많은 기업들이 지인을 통한 추천을 공채나 서치 펌을 통한 채용보다 신뢰한다. 해당 업무에 대한 이해도가 높은 사람을 추천받을 수 있고, 입사 후 적응에서 발생하는 문제들도 인적 네트워킹을 통해 어느 정도 해소가 가능하기 때문이다. 지인들에게 알리는 것은 그 범위가 아주 광범위할 필요도 없다. 내가 일하는 전문 분야에 관련된 사람이면 충분하다.

헤드헌터들은 해당 업계 전문가들의 추천을 많이 받는 편인데,

예전에 헤드헌팅을 시작할 때만 하더라도 "그 분야 누가 잘하나요? 추천 좀 해주세요." 하면, 뭔가 내부 정보를 흘리는 것처럼 여겨서 추천을 받기가 어려웠다. 그러나 요즘엔 상황이 달라서 해당 분야의 전문가가 누군지 모르는 경우라면 모를까, 흔쾌히 알려주는 사람이 많다. 일단 해당 분야 전문가를 안다는 것이 나 역시 전문가라는 소리이고, 다른 회사를 소개시켜주는 것이 이젠 좋은 일로 인식되었기 때문이다. 나를 알아봐주고 추천해주니 고마운 일 아니겠는가. 한 번은 모 기업의 대표이사 포지션을 진행하는데 추천을 부탁했더니, 같이 근무했던 임원을 추천받았다. 소개자의 이름을 대고 연락하자, 후보자가 조금 놀라는 눈치였다. 이유는 같이 근무할 당시에는 서로 사이가 별로 좋지 않은 상대방이었는데, 본인을 추천했다니 살짝 놀랍고 고맙다는 것이었다. 이러니 평상시에 잘하라는 말이 있나 보다 싶기도 했고, 사람 일은 정말 어느 곳에서 도움을 받을지 모르는 것이구나 하는 생각도 들었다.

(2) 온라인 잡 포털 사이트

온라인 잡 포털 사이트(job portal site)에 올리는 것도 아직 많은 4050 이직 준비자들이 내켜하지 않는 방법이기도 하다. 그런데 세상이 예전 같지 않아 온라인 세상에 수많은 기회들이 넘쳐난다. 일단 올리고 볼 일이다. 그런데 온라인에 이력서를 올릴 때는 전체 경력을 기술한 풀 버전(full version)보다는, 핵심 경력 위주로 간략하게 요약하거나 읽기 편한 스타일로 올리는 것이 좋다. 보통 한 분야의 이력서를 소팅(sorting)하고 필요한 이력서를 골라가며 읽을 때, 각각의 이력서를 보는 데 1분도 안 걸리기 때문이다. 복잡한 풀 버전보다는 읽기 편한 요약 형식이 훨씬 낫다. 물론 너무 심플해도 아직 이직 준비가 안 되어 있다는 인상을 주기 때문에 해당 회사와 근무 기간 아래 간단한 경력 기술을 해놓고, 업무 실적과 같은 핵심 사항 정도는 언급해놓는 것이 좋다.

이력서를 올리는 잡 포털 사이트는 '사람인'이나 '잡코리아' 같은 두 군데 정도면 충분하다고 본다. 대부분 인사 팀이나 서치 펌이 한두 개 이상의 잡 포털 아이디를 가지고 채용공고를 올리고 이력서 스크리닝을 하기 때문이다.

(3) 헤드헌터

전문 경력을 갖춘 4050 이직이라면 서치 펌을 컨택하는 것도 필수다. 서치 펌을 컨택할 때는 잡 포털에 올리는 것보다는 좀 더 주의 깊게 해야 하는데, 가장 중요한 것은 이력서를 보낼 서치 펌을 선정하는 것이다. 보다 정확히는 서치 펌이 아닌 헤드헌터를 선택하는 것이 보다 맞다. 서치 펌의 국적이나 규모는 모두 다르지만, 한 가지 공통된 점은 헤드헌터마다 금융, 반도체, 소비재처럼 전문 분야를 가진다는 점이다. 서치 펌 자체가 크다거나, 혹은 글로벌 펌이라거나 하는 기준으로 판단하는 것은 내가 필요한 것을 얻기 위한 서치 펌 선택의 기준이 되지 못한다. 내가 일하는 전문 분야를 잘하는 헤드헌터에게 이력서를 보내야 한다. 그런 정보를 얻기에 좋은 방법은 해당 서치 펌의 회사 소개에서 헤드헌터의 프로필을 보거나 잡 포털의 헤드헌팅 공고 란에 내가 이직을 원하는 분야의 채용 공고를 많이 올리는 헤드헌터를 찾아 리스트 업(list up) 하면 된다. 이렇게 특정 헤드헌터를 찾아 이력서를 보내는 것이 그냥 서치 펌 회사 메일로 이력서를 보내 등록해두는 것보다 효과적이다.

헤드헌터를 선정할 때는 우선 본인이 이직하고자 하는 분야를 많이 하는 외국계나 국내 계 서치 펌을 선택하고, 각 회사의 웹사이트를 참고해서 헤드헌터를 컨택하면 된다. 외국계 서치 펌의 경우 보통 매년 랭킹이 발표되므로 해당 랭킹을 참고하면 서치 펌 선택이 용이하다. 국내 서치 펌의 경우는 따로 객관적인 랭킹을 발표하지 않는데, 서치 펌과 헤드헌터 정보들을 리스트로 볼 수 있는 곳이 있으니 그쪽을 참고하면 된다.

※ 국내 서치 펌 리스트 참고
(http://hrp.jobkorea.co.kr/LIst_SH/SH_Main.asp)

The Top 20

1. Boyden

www.boyden.com

Global – Over 70 Offices Worldwide

Founded in 1946, Boyden pioneered the use of executive search, strategically partnering with clients to identify, search, source, recruit, and deliver key leadership talent and human capital all over the world. Their international reach enables their clients to make strategic talent decisions within the context of their global requirements.

2. Korn Ferry

www.kornferry.com

Corporate Headquarters: Los Angeles, CA

Global – Over 80 Offices Worldwide

As an innovator in executive search/recruitment since 1969, Korn Ferry works closely with clients and candidates to craft successful human capital strategies and solutions. With a global network, timeproven search process, and broad industry expertise, Korn Ferry provides the competitive advantage necessary to recruit and develop world-class leadership teams.

3. TRANSEARCH

www.transearch.com

Corporate Headquarters: Paris, France

Global – Over 55 Office Worldwide

TRANSEARCH was founded in 1982 and has dedicated itself to assisting clients in acquiring leadership talent through outstanding research capabilities and access to a global talent pool, thorough assessment methodology, in-depth reference checking, and critical contribution to completion of the search by facilitating final negotiations.

4. Egon Zehnder

www.egonzehnder.com

Corporate Headquarters: Zurich, Switzerland

Global – Over 60 Offices Worldwide

Since 1964, Egon Zehnder has been helping clients find the right leadership through the identification, assessment, and recruitment of the world's most talented business leaders. Because of their long-term outlook, Egon Zehnder consultants follow up with candidates and clients regularly to ensure outstanding performance and fit.

5. N2Growth

www.n2growth.com

Corporate Headquarters: Wilmington, DE

Global: 6 Offices Worldwide

The elite of the executive search boutiques, N2growth specializes in C-level and Board Member search assignments. Because N2growth is a leadership development firm working exclusively with Fortune 1000 CEOs and executive teams, it makes their executive search practice a force to reckoned with. Where most executive search firms claim to be big, N2growth claims to be better, and their "who's who" list of clientele proves their claim.

6. Heidrick & Struggles

www.heidrick.com

Corporate Headquarters: Chicago, IL

Global – Over 75 Offices Worldwide

As one of the first executive search firms in the U.S., Heidrick & Struggles has provided expert executive search services since 1953. Their methods are based on a thorough understanding of each client's strategic, financial, and operational issues.

7. Russell Reynolds

www.russellreynolds.com

Global – Over 40 Offices Worldwide

Based in 40 offices worldwide, Russell Reynolds' consultants work closely with public and private organizations to identify, assess, and recruit senior executives and board members to drive long-term growth and success

8. Spencer Stuart

www.spencerstuart.com

Corporate Headquarters: Amsterdam, Dublin, and Chicago

Global – Over 50 Offices Worldwide

Spencer Stuart is a global leader in executive search and the adviser of choice to top companies seeking counsel on senior leadership needs. Their clients include leading multinational corporations, medium-sized businesses, entrepreneurial startups, and nonprofit organizations across a variety of industries.

9. Stanton Chase International

www.stantonchase.com

Corporate Headquarters: London, England

Global – Over 70 Offices Worldwide

Since their founding in 1990, Stanton Chase has been committed to building world-class management teams for clients competing in a global market. They strive to provide exceptional leaders and organizational solutions to enhance a client's competitive advantage through experience, insight, and teamwork.

10. Bo Le Associates

www.bo.le.com

Corporate Office: Hong Kong

Global – 25 Offices Worldwide

As the largest executive search firm in Asia, Bo Le Associates specializes in handling senior level assignments in a variety of industries. Their focus is to build strong relationships with clients, anchored in a give-and-take approach and unrelenting commitment to prioritizing clients' interests ahead of anything else.

11. Signium

www.signium.com

Corporate Headquarters: Chicago, IL

Global – Over 40 Offices Worldwide

For over 60 years, Signium (formerly Ward Howell International) has earned its reputation as a leader in the global executive search market. Its consultants possess exceptional experience and deploy high-touch expertise and rigorous processes to consistently deliver the highest quality candidates to their clientele.

12. Slayton Search Partners

www.slaytonsearch.com

Corporate Headquarters: Chicago, IL

Local

Founded in 1985, Slayton Search Partners combine the right people, the right structure, the right approach, and the right access to make the executive search process work harder than ever to open more doors of opportunity for their clients. This active, limitless thinking makes them one of the fastest growing search firms in North America.

13. Witt/Kieffer

www.wittkieffer.com

Corporate Headquarters: Oakbrook, IL

National – 9 Offices Nationwide

For over 40 years the Witt/Kieffer mission has been to identify outstanding leadership solutions for organizations committed to improving the quality of life. By specializing in health care, education, and not-for-profit industries, Witt/Kieffer has the experience necessary to identify leaders with the best mix of skills, experience, vision, and character to fulfill their missions.

14. DHR International

www.dhrinternational.com

Corporate Headquarters: Chicago, IL

Global – Over 50 Offices Worldwide

For over 20 years DHR International's renowned consultants have specialized in all industries and functions in order to provide unparalleled senior-level executive search, management assessment and succession planning services tailored to the unique qualities and specifications of their select client base.

15. CTPartners

www.ctnet.com

Corporate Headquarters: New York, New York

Global – 24 Offices Worldwide

Founded in 1980, CTPartners is a leading performance-driven executive search firm committed to the philosophy of partnering with its clients to provide comprehensive, personalized service. Their focus is straightforward: place the right executive in the chair.

16. Polachi

www.polachi.com

Corporate Headquarters: Framingham, MA

Local

Polachi has built its reputation for excellence by applying the highest professional and quality standards to a tailored, customized project approach for each client and assignment. Using proprietary technology, Polachi has the depth and breadth of connections plus unmatched agility to deliver accelerated results.

17. Ridgeway Partners

www.ridgewaypartners.com

Corporate Headquarters; Boston, MA

Global – 3 Offices Worldwide

Ridgeway Partners specializes in finding board members, senior team, and functional leaders for their clients. The thoroughness with which they understand their clients, together with the due diligence they undertake, ensures that every appointment has the desired impact for their client.

18. Wyatt Jaffe

www.wyattjaffe.com

Corporate Headquarters: Minneapolis, MN

Local

Wyatt Jaffe is known for engaging high-impact executive talent that the marketplace perceives as unattainable. Founded in 1988, they work with a select list of financial services, high technology, and consumer companies worldwide.

19. John Peebles Associates

www.jpasearch.com

Corporate Headquarters: Auckland, New Zealand

Local

As a pre-eminent executive search firm in Australasia, John Peebles Associates' philosophy of "operational excellence" drives total commitment to clients. By approaching each search with speed and efficiency, they are able to decrease the search timetable without compromising quality standards.

20. RSR Partners

www.rsrpartners.com

Corporate Headquarters: Greenwich, CT

National – 5 Offices Nationwide

RSR Partners has been on the leading edge of advising CEOS and Boards on C-suite recruiting, succession planning, and talent assessment since its founding in 1993. By leveraging the individual expertise of their team, they're able to efficiently solve a variety of human capital issues for their clients.

(4) 링크드인

4050 세대에게 링크드인 사이트는 익숙하지 않은 사람이 더 많을 것이다. 링크드인은 세계 최대의 비즈니스 소셜 미디어로, 개인 프로필(신상, 경력, 학력 등)을 등록하고 서로 인맥을 맺는다. 링크드인 사용이나 활용에 대해서는 꽤 많은 책들이 나와 있으니 따로 언급하지는 않겠다. 링크드인이 잡 포털 사이트와 다른 가장 큰 점은 링크드인의 그룹과 인맥 찾기 기능이 실제 비즈니스에 기여한다는 점이다. 이 점이 세계의 전문가들을 링크드인으로 끌어당기는 힘이다. 이직할 때 링크드인은 여러 가지 장점이 있는데, 전문적으로 본인의 프로필을 업데이트할 수 있다는 점과 전문 분야의 직업을 주로 진행하는 채용 담당자(헤드헌터 포함)를 직접 접촉할 수 있다는 점, 내가 관심 있는 기업에 근무하는 사람이나 그런 사람을 아는 사람을 연결할 수 있다는 점 등이 그것이다.

앞서 서치 펌의 선택보다 헤드헌터의 선택이 중요하다고 이야기했는데, 전문성을 갖춘 헤드헌터의 링크드인 프로필은 해당 회사의 소개부터 그 헤드헌터가 주로 진행하는 분야에 대해 회사 홈페이지보다 자세하게 나와 있다. 내게 맞는 분야의 헤드헌터와 1촌을 맺고, 이직 의향 메일을 보내두는 것도 좋은 방법이다. 헤드헌터들 이외에도 글로벌 기업의 채용 담당자들도 링크드인을 통해 수많은 채용을 진행한다. 본인들의 채용 공고를 올리는 것부터 채용 담당자가 직접 프로필 검색을 통해 본인 회사에 맞는 사람을 찾아 채용

오퍼(offer) 메일을 보낸다. 본인의 프로필 완성도를 올려서 노출을 많이 시킬수록, 전문 그룹에 가입해서 활동을 많이 할수록 본인이 원하는 분야의 채용 기회를 가질 기회가 많다. 그러므로 아직 익숙하지 않다면 지금 당장이라도 시작하길 권한다.

※ 링크드인 (www.linkedin.com)

　　대표적인 이력서 노출의 방법을 몇 가지 살펴봤다. 위의 방법 중 어느 한 가지도 빠뜨릴 수가 없다. 4050 세대들에게 가장 어려운 점은 어렵게 이직 결심을 하고 이력서까지 만들었는데, 이것을 노출시키는 것을 주저한다는 점이다. 널리 알리지 않으면 기회도 생기지 않는다.

보안 유지

이직 시 서치 펌을 통할 때 보안 유지가 가능할까? 많은 후보자들이 이력서를 처음 보내올 때 보안 유지를 당부한다. "제가 이직을 준비 중이라는 사실이 외부에 알려지지 않았으면 합니다."라는 당부를 하는데, 늘 원칙적으로 답변할 수밖에 없다. "준비하시는 과정에서의 보안 유지는 유지할 수 있겠지만, 진행 과정에서는 유지가 되기 어렵다는 점 이해하시면 좋을 것 같습니다."라고 답변한다. 이유는 인사 결정권자들의 습성이 인사팀이나 헤드헌터의 추천을 받아도, 결국 본인이 아는 인맥을 통해 레퍼런스를 확인해야 안심하고 결정하기 때문이다. 이 부분을 막는 것은 말처럼 쉽지가 않다. 국내 기업보다는 외국계 기업들이 채용 시 보안 유지에 많은 신경을 쓰는 편인데, 최종 결정권자의 직접적인 레퍼런스 체크를 막기는 어렵기 때문이다.

헤드헌터로서 이런 점이 종종 어렵다. 준비 과정이야 어디 가서 소문낼 일이 없지만, 진행 과정에서 벌어지는 일은 늘 이런 구멍이 생기기 마련이다. 작년에 진행했던 프로젝트 중 정말 황당한 일이 있었는데, 헤드헌팅을 시작한 이래 처음 겪는 일이었다. 국내 그룹사 지주사에서 계열사 대표이사를 찾고 있었는데, 업계에서 좋은 분이라고 소문난 분들은 다 만나고 인터뷰해서 후보자 몇 명을 추천했다. 해당 지주사는 인사의 객관성을 유지하기 위해서, 혹은 의사결정권자의 시간 절약을 위해서 후보자 인터뷰 진행 전에 각각에 대한 레퍼런스를 우리 회사가 아닌 다른 서치 펌에 진행시켰다. 실제 많은 회사들이 중요한 포지션에 대한 레퍼런스를 진행할 때는 추천한 서치 펌이 아닌, 다른 회사에 레퍼런스 체크 진행을 맡긴다. 문제는 그 다음이었다. 해당 회사에서 후보자 프로필만 가지고 후보자와 함께 일해본 적도 없는 고등학교 동기에게 연락해서 그분의 레퍼런스를 물어본 것이다. 무척 오랜만에 전화 온 고등학교 동기가 "너 이직하니? 나한테 니 레퍼런스 묻는 전화 왔다."고 했을 때 얼마나 황당했을까. 정말 내가 대신 석고대죄라도 하고 싶은 심정이었다.

이 같은 일은 매우 드문 일이긴 하지만, 진행 과정에서의 보안 유지까지는 완벽히 하기가 어려운 게 현실이다. 보안 유지에 대한 부분은 어느 정도 마음을 비우고 리스크를 가질 필요가 있다. 하지만 서치 펌을 접촉할 때 좀 더 구체적으로 보안 유지를 당부할 필요성까지 없는 것은 아니다. 상식적으로 후보자에게 A라는 회사로 진행할 의향이 있는지 묻지 않고 헤드헌터가 고객사에 후보자 이력서를 보내면 안 되지만, 종종 그런 헤드헌터들이 있기 때문이다. 가장 큰 이유는 복수의 서치 펌을 통해 진행하여 다른 회사보다 후보자를 빨리 추천하기 위해서다. 기업 인사팀 입장에서는 헤드헌터가 아무리 후보자와 친밀하고 오랫동안 관계를 유지했다고 해도, 동시에 다른 회사에서 같은 후보자를 추천받았을 때 어느 한 회사로 밀어주기가 쉽지 않다. 채용 담당자의 공정성을 의심받기 때문이다. 보통 이런 문제를 방지하고자 동시에 중복되게 추천받았을 때, 인사팀에서는 채용 담당자 이메일로 후보자 추천을 먼저 한 서치 펌을 통해서 진행한다. 그러다 보니 일단 후보자 이력서부터 보내놓고 보는 헤드헌터들이 생기는 것이다. 이런 헤드헌터와는 관계를 끊는 게 좋다. 하지만 겪어보기 전에는 모르는 일이니, 헤드헌터에게 이력서를 보낼 때는 꼭 본인 동의를 받고 고객사 추천을 하는지 확인하고 당부하는 것이 꼭 필요한 일이다.

정보
수집하기

어떤 사람들만 의지가 있고 다른 사람들은 의지가 없는 게 아니다.
변화할 준비가 된 사람과 그렇지 않은 사람이 있을 뿐이다.

-제임스 고든

이직을 준비할 때 4050 세대가 2030 세대
보다 나은 점을 꼽으라면, 나는 정보 수집을 꼽겠다. 2030 세대의
정보 수집 방식은 주로 인터넷 검색을 통해 이뤄지기 때문에, 짧은
시간에 효과적으로 윤곽을 잡아내는 장점이 있다. 그러나 시간 절
약이 된다는 점이 장점일 뿐 겉핥기식의 정보일 가능성이 상당히
높은 게 인터넷 검색만을 통해 모은 정보의 한계다. 그에 비해
4050 세대는 직접 부딪혀서 정보를 모은다. 시간은 걸릴지 모르지
만, 이직하려는 회사나 직무에 보다 근접한 정보를 얻을 가능성이
많다. 물론 정확한 곳을 두드릴 때의 이야기겠지만. 이번 장에서는
인터넷부터 인맥까지 다양한 루트를 활용해서 정보를 모으는 방법
을 살펴보려고 한다.

정보를 얻는 과정은 대단히 중요하다. 자신이 이직하고자 하는
곳의 기회를 얻는 것부터, 잘 아는 분야이건 모르는 분야이건 정보
를 수집하는 과정에서 최신의 정보를 획득하고, 그것을 인터뷰 때
이야기함으로써 시장 정보에 어둡지 않은 사람의 인상을 주기 때문
이다.

(1) 잡 포털 사이트

잡 포털 사이트를 통한 정보 수집의 방향은 크게 두 가지로 나눌 수 있다. 첫 번째는 채용공고를 분석함으로써 시장에서 필요로 하는 직무 특성을 요약하는 것이다. 잡 포털 사이트는 직업별, 산업별, 지역별로 다양한 카테고리를 가지고 채용공고를 올리는 형태로 되어 있다. 마케팅 직무 아래에는 마케팅 전략, 시장조사, 브랜드 매니저, 프로모션, 광고 등 세부 직무를 구별해서 공고를 올린다. 이때 각 세부 직무별로 올라오는 채용공고를 보고 해당 직무에서 필요로 하는 역량들을 간추린다. 간추린 정보는 내 이력서를 업데이트할 때 연관 지어서 기술하도록 한다. 이력서 작성을 위한 아이디어를 얻는 차원에서 활용하는 것이다.

그런데 보통 기업에서 직접 올리는 채용공고들은 대리에서 차장급까지의 실무자급을 뽑는 경우가 많아서, 4050 세대 이직 준비자들이 참고할 만한 내용들이 많지 않다. 4050 이직 준비자들이 잡 포털 사이트를 통해 정보수집을 할 때는, 기업에서 직접 올리는 공고들보다는 서치 펌이 잡 포털 사이트에 올리는 채용공고들이 직급이나 요구 역량 면에서 일치할 가능성이 더 많다. 이직을 마음먹고 잡 포털 사이트를 들어가 보면, 기업에서 직접 올리는 공고보다 서치 펌에서 올리는 공고들이 본인의 경력에 더 적합한 포지션이 압도적으로 많다는 것을 알게 될 것이다. 앞의 정보 수집 단계가 공고 자체를 분석했다면, 서치 펌들이 올리는 채용공고는 직접 연락해서 정보를 수집해야 한다.

그래서 잡 포털 사이트를 이용한 두 번째 정보 수집은 공고를 올린 서치 펌에 직접 전화를 걸어, 정확히 어떤 회사에서 나와 연관된 직무들이 오픈되는 것인지 확인하는 것이다. 그런데 거의 대부분의 서치 펌에서는 그냥 전화 문의로만 연락이 왔을 때 구체적인 회사명을 공개하지 않는다. 이유는 여러 가지인데, 해당 구인 내용이 고객사 내부적으로 비밀리에 진행 중일 수도 있고, 시니어 채용일수록 인맥이나 지인 같은 변수들이 있기 때문에 이런 부분을 차단하려는 의도일 수도 있다.

그렇다면 헤드헌터로부터 어떻게 정보를 수집할 수 있을까? 먼저 오픈하는 것이 가장 좋다. 본인의 기존 경력을 오픈하고 기존에 근무했던 곳과 연관된 회사인지 확인하고 이력서를 보내고 싶다고 말하는 것이 헤드헌터로부터 구인 회사에 대한 정부를 얻을 수 있는 가장 좋은 방법이다. 내가 근무했던 회사나 현재 내가 근무하는 회사는 피해야 하지 않겠는가라는 논리가 제일 설득력 있다. 실제 종종 있는 일인데, 채용공고를 보고 정말 내가 하는 일과 똑같은 일이라 자신 있게 이력서를 보내보고 나니, 현재 회사에서 사람을 뽑고 있는 경우도 있다.

※ 사람인 (www.saramin.co.kr)

※ 잡코리아 (www.jobkorea.co.kr)

※ 피플앤잡 (www.peoplenjob.com)

(2) 지인

지인을 통한 정보 수집은 가까운 친구들은 물론 얇고 넓은 관계의 인맥도 포함한다. 일단 이들에게는 이직 의향을 알려놓고, 관련된 채용정보를 알게 되었을 때 연락이 올 수 있을 정도로만 해두면된다. 실제 이직을 성공시키는 것은 이 그룹의 역량과 비례할 것이다. 직무 연관성이 높은 인맥일 것이고, 무엇보다 나의 장단점을 익히 알고 있는 사람들이라면, 추천하는 직무 역시 그런 부분을 고려했을 것이기 때문이다. 지인 그룹을 이용할 때의 또 다른 장점은 타게팅(targeting)이 가능하다는 점이다. 내가 정말 입사하고 싶은 A라는 기업이 있다면, 그 기업에 근무하고 있거나 혹은 그 기업에 근무하고 있는 사람을 아는 사람을 찾는다. 이렇게 연결된 인맥을 통해해당 기업의 직무가 정확히 어떻게 일하는지 들어보고 나의 적합도를 가늠해볼 수 있고, 실제 채용공고가 공개됐을 때 바로 연락을받을 수도 있는 것이다. 바로 이렇게 직접 부딪혀서 획득하는 양질의 정보가 4050 세대가 할 수 있는 최고의 정보 수집이다.

(3) 컨퍼런스

4050 세대들은 자발적으로 본인이 필요한 세미나나 컨퍼런스를찾아서 다녀오는 경우가 거의 없다. 새로운 일을 찾을 생각이라면지금이라도 당장 이것부터 시작해야 한다. 최신 트렌드와 관련된컨퍼런스를 다녀오고 나면, 두 가지가 우선 변할 것이다. 그동안 회

사와 동료들 사이에서 나름 전문가로 입지를 다졌다고 생각했는데, 세상은 늘 새로운 것들이 넘쳐나고 있다는 걸 다시금 확인하게 될 것이다. 또 나와 직접 연관이 없는 사람들과 새로운 생각들을 서로 이야기하고 나눌 기회를 얻게 될 것이다. 직접 채용공고를 찾거나 지인들을 통하는 방법보다 효율적이지 않을 수도 있다. 하지만 전체 시장에서 본인의 위치를 객관적으로 가늠해볼 수 있는 기회가 될 것이며, 업무상 경험하지 않았던 새로운 분야의 지식일지라도 이직을 위한 인터뷰에 도움이 될 것이다.

개인적인 습관이지만, 나는 세미나나 강연을 들으면 그날 강의하신 분의 명함을 꼭 받아두곤 한다. 보통 강연자들은 관련 업계 전문가이거나 임원급일 확률이 높은데, 강연자가 내가 평상시에 바로 연결되기 어려운 사람이면 더 좋다. 보통 이런 자리에서 받은 연락처로 직접 연락해서 문의했을 때 거절당하지 않을 확률이 높기 때문이다. 전혀 모르는 사람이 우리 회사 직무에 관심이 있다거나 내부 조직을 알고 싶다고 연락할 때 바로 알려줄 수 있는 사람은 많지 않다. 하지만 세미나를 들었고 도움받고 싶다고 이야기할 때, 보통은 본인이 오픈할 수 있는 범위 내에서 대부분 오픈한다. 그러니 세미나에 가면 참석자들끼리의 명함 교환과 더불어 강연자의 명함도 꼭 받아두자.

정보 수집은 다양한 루트로 할 수 있다. 지인을 통하면 가장 편하고 좋겠지만, 요즘엔 온라인 등 다양한 루트가 많아진 만큼 보다 효과적으로 진행할 방법이 많다.

서치 펌 선택하기

나는 우리 회사가 아닌 다른 서치 펌을 후보자들에게 추천하는 일도 종종 한다. 후보자들과 이직 상담을 하면서, 이직을 위한 다양한 루트 중 하나로 서치 펌을 이용할 때, 다른 곳들도 이력서를 보내두라고 한다. 이유는 서치 펌마다 잘하는 분야가 다르기 때문에 서치 펌 한 곳이 모든 분야를 커버하지 못하는 상황에서, 후보자가 많은 기회를 잡으려면 몇 군데 정도는 이력서를 보내두는 것이 낫기 때문이다. 그런데 후보자 입장에서 시간낭비를 하지 않으려면, 본인 이력서를 보낼 서치 펌을 잘 골라야 한다. 어떤 기준으로 봐야할까?

우선 대기업의 인사팀들이 본인들 회사의 인재 채용을 의뢰하기 위해 서치 펌을 고르는 몇 가지 기준을 소개한다. 보통 대기업들은 일 년에 한 번씩 업체 리스트를 작성하고, 본인 회사의 인재 채용을 계약된 회사에만 의뢰한다. 업체 리스트를 선정하는 기준에는 회사의 매출액, 정규직 인원수, 전년도 성사 실적 등이 반영된다. 이런 기준으로 서치 펌을 선정하는 것이 나름 객관적이라는 것인데, 일정 부분 맞기는 하지만 제대로 된 기준은 아니라는 것이 현직 헤드헌터 생각이다. 회사 매출액을 봤을 때 매출이 50억인 회사와 20억인 회사가 있다고 하자. 매출액만으로 보면 50억인 회사가 규모면에서는 크나, 그 회사 인원수가 200명이라면 1인당 매출액이 2500만 원에 지나지 않는다. 그런데 20명을 가지고 20억을 하는 회사라면, 1인당 매출액이 1억 원이다. 헤드헌터 1인당 매출액이 높다는 것은 높은 직급을 많이 한다거나 전문 분야의 실적이 뛰어나다는 것이다. 그저 회사 전체 매출액만으로 평가하는 것은 일률적인 기준이다. 전년도 성사 실적도 마찬가지인데, 리스트 선정에서 평가하는 기준은 몇 건 했는가를 기준으로 한다. 대리급 30명을 입사시킨 회사의 전년도 성사 실적은 30명이지만, 임원급 1명을 입사시킨 회사의 성사실적은 1명이다. 대리급과 임원급 채용이 같은 비중으로 계산되는 형식이다. 역시 적절치 못하다고 본다.

그래서 똑똑한 채용 담당자가 있는 기업의 경우에는 위와 같은 기준 이외에도 분야별 전문 서치 펌을 따로 선정해서 진행한다. 임원급, 전략·기획, 재무 등과 같이 특정 분야에 강점이 있는 서치 펌들은 회사 전체 매출액이 크지 않거나 인원수가 적어도 리스트에 포함시키는 것이다. 이 말은 후보자 입장에서 서치 펌을 고를 때 역시 서치 펌을 눈에 보이는 규모만으로 선택하지 말라는 뜻이다. 보기엔 좋아 보여도, 그 회사가 1등은 아니라는 뜻이다. 미국이나 유럽의 경우에는 이런 조건들을 고려해서 매년 서치 펌 랭킹이 발표된다. 글로벌 네트워크, 1인당 매출, 거래하는 기업의 명성들이 포함된다. 그런데 국내에서는 그런 랭킹이 없는 게 현실이다. 이럴 때 필요한 것은 서치 펌을 선택하는 것이 아니라, 헤드헌터를 선택하는 것이 효과적이다.

보통 모든 헤드헌터들은 본인의 프로필을 공개하고 전문 분야를 알린다. 판단하기에 정보가 부족하면 헤드헌터에게 전화를 걸어서 어떤 회사나 분야를 많이 하는지 물어보면 된다. 나의 강점과 요구를 이해하고 함께 고민할 수 있는 파트너로서 서치 펌이 아닌 헤드헌터를 물색해보자.

인터뷰는
7:3의 법칙이다

능력이 부족할수록 자만심이 더 강하다.

-아하드 하암

인터뷰는 막상 진행해보면 내가 면접관일 때와는 많이 다르다. 인터뷰가 쌍방향 커뮤니케이션이긴 해도 결국 주도권은 면접관이 가지고 있기 때문이다. 쌍방향 커뮤니케이션으로 만들기 위해 주도권을 내 쪽으로 이끌어오고자 해도, 경력을 설명하고 실적을 말하다 보면 자연스럽게 주도권은 면접관 쪽으로 다시 넘어가 있다. 아주 면접을 잘 보는 면접의 달인이라 해도, 인터뷰 방향을 시종일관 주도하기는 어렵다. 아마 후보자가 인터뷰를 처음부터 끝까지 주도한다면 본인은 만족스러울지 몰라도, 그 후보자는 채용되기 어려울 것이다. 면접관 입장에서 주도권이 없다고 느끼기 때문이다. 기본적으로 인터뷰는 공정한 게임이 아니다. 최종 결정권자를 바로 만나는 경우를 제외하면, 보통 면접은 실무진, 임원진, 대표이사 등 3번 정도 거친다. 3번의 인터뷰를 하는 동안 잊지 말아야 할 것은, 인터뷰 자체가 공정한 게임이 아니기 때문에 기본은 지고 들어간다는 생각을 가져야 한다는 것이다.

일단 나를 포장해서 팔아야 하는 데다 상대방이 결정권을 가진 사람이기 때문에, 최대한 성실한 자세로 인터뷰를 진행하는 게 인터뷰의 가장 기본적인 팁(tip)이다. 기본적으로 면접관에 대한 존중의 마음을 가지는 것이 좋다. 기본적으로 얼굴에 드러난다. 얼마

전 공무원 채용을 위한 공채 면접에 면접관으로 참석했는데, 지원자들 대부분이 석·박사 인력이었다. 해당 분야 전문 인력을 뽑다 보니, 외부 면접관인 헤드헌터를 제외하고는 모두가 해당 분야에서 이름만 대면 알 만한 사람들이 면접관으로 참석했다. 그런데 경력과 연륜의 차이가 확연한 면접관들 앞에서도 자존심을 내세우는 후보자가 있었다. 대체로 연구직 면접을 볼 때 이런 경우가 많다. 본인 분야에서 오래 공부했다고 생각하는 사람들일수록 공개적인 자리에서 평가받는 것을 껄끄러워한다. 그러다 보니 답변을 할 때마다 꼬이고 매번 면접관이 두 번 묻게 하는 식으로 진행되어 면접 분위기가 안 좋게 흘러갈 수밖에 없었다. 결국 그 후보자는 태도 점수에서 가장 낮은 점수를 받고 탈락했다. 본인 개인만을 생각하면 충분히 자존심이 상할 수도 있는 일이겠지만, 공채 면접의 경우 같은 날 같은 시간에 비슷한 스펙의 지원자들이 바로 비교된다. 그 이상으로 공부를 하고 경력을 가진 지원자들도 침착하게, 성실하게 하나하나 답변하는 모습을 보이는데, 답변마다 본인 자존심을 세우려 드는 후보자가 좋은 점수를 받을 수는 없는 일이다.

인터뷰를 진행할 때 본인 의도대로 인터뷰를 끌고 가고자 하는 후보자들이 있는데, 이런 경우는 크게 두 가지 경우 중 하나라고 본다. 본인 자존심이 너무 세서 기본적으로 굽힐 줄 모르는 경우이거나 감춰야 할 게 많은 경우다. 자존심이 너무 센 경우는 다소 호전적으로 보인다. 그동안 이룩한 업적을 나를 잘 알지 못하는 사람이 평가한다는 것 자체가 마음에 안 든다고 생각해서, 일단 회의실에 들어올 때부터 힘이 들어가 있다. 인터뷰란 기본적으로 그 사람을 검증하는 과정이어서, 업무적인 면에서 본인이 한 정확한 역할을 묻고 평가하는 것인데, 다소 디테일하게 묻는 질문만 해도 일단 거슬린다. 이런 질문이 몇 개만 나오면 기분이 나쁘다. 결국 인터뷰를 끝내고 나오면서 알지도 못하는 것들이 평가를 하겠다고 들이댄다고 화를 낸다. 나는 이런 경우를 양 손을 움켜쥐고 있는 사람이라고 생각한다. 양 손을 주먹 쥐고 있으니 새로운 사람과 악수를 할 수가 없다. 일정 부분은 내려 놓고 인터뷰를 진행해야 결과가 좋다.

그리고 드문 경우이긴 하나, 감출 게 많은 사람 역시 본인이 인터뷰에서 주도권을 놓치지 않으려고 애를 쓴다. 일단 이런 사람들은 인터뷰를 위해 단순한 연락을 하는 것부터 쉽지 않다. 작년에 한 증권사 차장급 실무자 포지션을 진행할 때였다. 프로세스를 진행하면서 단 한번도 한 번에 연락된 적이 없는 사람이 있었다. 지나고 나서 보니 면접 진행부터 인터뷰까지 모든 부분을 본인이 주도권을 가지려고 애쓰는 후보자였다. 전화를 걸면 바로 받는 경우가 없었고, 문자 메시지를 보내도 바로 답장이 오는 경우가 없었다. 늘 미팅이나 출장 때문에 바빠서 그렇다고 핑계를 갖다 대는데, 그것도 한두 번이지 진행하는 두 달 내내 그런 식이었다. 직접 만나서 인터뷰를 할 때도 원래 만나기로 한 날짜는 본인 스케줄로 갑자기 취소하고, 당일에 전화를 걸어서 오후에 방문해도 되는지 물어보고 사전 인터뷰를 진행했다. 만나기 전까지는 좀 불편한 심정이 들었는데, 막상 만나니 유머 감각도 있고 본인 PR을 잘하는 사람이어서 일단 고객사에 추천해보기로 마음먹었다. 꺼림칙한 부분이 있으면 추천을 안 하는 것이 원칙이지만, 일단 해당 연차의 후보자 찾기가 쉽지 않았고, 복수의 후보자를 추천하니 한 명 정도는 이런 사람도 넣어봐도 괜찮겠다는 생각이었다. 다행인지 불행인지 고객사 인터뷰 결과 그 후보자 피드백이 좋았다. 유머러스하면서 밝은 분위기가 해당 부서 임원 마음에도 들었던 모양이다.

하지만 문제는 그 다음부터였다. 연봉 협상도 쉽지가 않았던 것이다. 원래는 현 회사에서 받았어야 할 연봉이 인상되지 않아 회사를 이직하고자 하니, 인상 예상 금액을 기준으로 연봉 협상을 해달라는 것이었다. 그러면서 온갖 수당과 경비까지 증빙을 하겠다고 했다. 그렇게 디테일하게 요구하면서도, 한번도 이쪽의 연락은 제때 받은 적이 없고, 본인이 가능할 때만 연락했다. 업무 중이라 그럴 수 있다고 생각할 수도 있지만, 아무리 외부 미팅이라도 급한 전화는 일단 받고 나중에 전화드리겠다고 하는 게 보통이지 않은가. 다소 이야기가 길었다. 결론만 이야기하면, 결국 이 후보자는 최종적으로 고객사에서 채용하지 않기로 했다. 이유는 레퍼런스를 체크해보니, 서류가 들어간 시점에는 재직 중이었는데 그 사이 퇴사한 상태였다는 것이다. 중간에라도 본인이 퇴사했다는 것을 언제든 이야기할 수 있었는데, 끝까지 손해 보지 않겠다는 이유로 끝까지 본인이 먼저 이야기하지 않았기 때문이다. 인터뷰에서 마음에 들어했던 담당 부서 임원의 마지막 말은 "그렇게 능력 있는 분이시니 다른 회사에서 뽑으시겠죠."였다.

감출 게 많은 사람의 인터뷰는 특징이 있다. 신변잡기나 농담이 많다. 업무 관련해서 구체적으로 질문을 해도, 요령 좋게 다시 신변잡기로 이야기의 방향을 돌린다. 감출 게 많기 때문에 말하고 싶지 않은 것이다. 이런 경우에 면접관은 확실히 이야기할 필요가 있다. 해당 부분에 대한 확인이 있어야 다음 프로세스를 진행할 수 있다고 확실히 이야기해야만 원하는 답을 얻을 수 있다.

기본적으로 면접은 지고 들어가는 게임이다. 다만 지고 들어가되 어느 정도 저줄지에 대해서는 마지노선이 있다. 나는 그것이 7:3이라고 본다. 면접관의 주도권이 7이고 후보자의 주도권이 3 정도일 때 양쪽 다 오늘 면접은 쌍방향 커뮤니케이션이 이뤄졌다고 느낀다. 우선 면접관에게 70프로의 주도권을 주려면, 면접관이 원하는 질문을 하게 하고 답을 성실하게 하는 자세가 기본이다. 앞서 이야기한 것처럼 면접에서 평가받는 것을 기분 나빠해서는 성실하게 답변하기 어렵다.

성실한 답변 다음은 대화의 맥락을 잘 이어가는 것이다. 인터뷰 준비를 너무 열심히 하는 사람일수록 대화의 맥락을 놓치기 쉽다. 이미 예상 질문과 예상 답변을 마련해서 그 틀 안에서만 움직이려하기 때문이다. 준비한 내용과 별개로 면접관의 반응을 살피면서 맥락 안에서 자연스러운 이야기를 할 수 있도록 해야 한다.

마지막으로 중요한 것은 맞장구를 잘 쳐주는 것이다. 면접은 후보자를 평가하는 자리이기도 하지만, 회사의 방향이나 현재에 대해 설명하는 자리이기도 하다. 면접관 입장에서 후보자가 마음에 들수록 본인 회사에 대해 설명을 더 자세히 많이 해줄 확률이 높다. 면접관이 회사에 대한 설명을 할 때 긍정적으로 공감하고 동의한다는 표현을 해주는 것은 매우 중요하다. 면접에서 뽑는 사람은 앞으로 우리 회사에서 동고동락하며 성공과 실패를 같이할 수 있는 사람이어야 하기 때문이다. 입사하기 전부터 비관적인 사람을 뽑아서 동고동락을 같이할 수는 없지 않겠는가. ① 성실하게 답변하기 ② 대화의 맥락을 놓치지 않기 ③ 긍정적으로 맞장구치기. 이 세 가지만 잘하면 대부분의 면접은 백전백승이다. 업무 실력과는 별개로 면접 자체에 대한 평가는 매우 좋다. 적어도 '그 사람, 사람 정말 맘에 들더라.'라는 평이 나온다.

그렇다면 후보자의 주도권 30을 지키기 위해서는 어떻게 해야 할까?

첫 번째는 객관적 근거가 있는 내용 위주로 답변하고 그 방향성을 유지하는 것이다. 인터뷰 때 반드시 나오는 질문인데도 대부분 어려워하는 질문이 이직 사유를 묻는 질문이다. 이직 사유는 매우 개인적인 일이지만, 이직 사유를 이야기할 때도 객관적으로 보일 수 있는 답변을 주로 하는 게 바람직하다. 회사 차원에서 사업부서를 축소한다거나, 임원 승진이 되면 좋겠지만 임원으로서 임기가 짧기 때문에 좀 더 젊을 때 새로운 곳에서 시작해보고 싶다거나 하는, 면접관도 수긍할 수 있는 답변을 하는 게 요령이다. 다소 어려운 추가 질문이 들어온다고 해도, 개인적인 이유가 아닌 객관적인 이유를 대는 것이 주도권을 잃지 않는 방법이다. 예를 들어 이직 사유를 물었을 때 담당 상사와 안 맞는다고 이야기했다 치자. 면접관은 구체적으로 어떤 상황에서 안 맞는다고 느꼈는지 물을 테고, 그 상황들을 일일이 설명해야 하는 상황이 생긴다. 스스로가 작아졌다고 느끼는 순간이고, 면접이 끝나면 '내가 왜 그랬지?' 하고 자책하게 된다.

후보자의 주도권을 지키는 면접 방법 두 번째는 마무리를 우아하게 하는 법이다. 기본적으로 전체 면접에 성실하게 답변했다고 생각하면 자신감 있게 질문을 던져보자. 나에 대해서는 충분히 설명했으니, 면접관에게 본인 조직과 잘 맞을 것 같은지 질문해보자. 이 질문의 정점은 자신감 있어 보인다는 점과 면접 결과가 나올 때까지 손놓고 기다리지 않아도 된다는 점이다. 보통 이런 질문을 면접관에게 하게 되면, 면접관의 반응을 읽을 수 있다. 면접 결과가 나름 가늠된다.

이직 과정에서 면접은 중요한 단계일 뿐이다. 면접장 안에서 모든 것을 결정하겠다는 마음만 버려도 면접은 부드럽게 진행될 수 있

다. 면접 때는 일단 최선을 다해서 나를 어필하고, 중요한 협상은
나중에 하면 된다.

난감한 인터뷰 질문에
대처하기

신은 우리가 성공할 것을 요구하지 않는다.
우리가 노력할 것을 요구할 뿐이다.

-마더 테레사

막상 내 일이 되면 어려운 게 인터뷰다. 인터뷰를 직업으로 삼고 있는 헤드헌터도 마찬가지다. 나 역시도 백수로 쉬는 동안 다른 서치 펌 면접을 본 적이 있는데, 인터뷰하고 나오면서 나도 참 아마추어 같구나 하고 생각한 적이 있다. 남의 인터뷰는 많이 해봤어도 내가 면접을 본 적이 별로 없으니, 막상 닥쳐보면 어려운 것이 면접이다.

그렇다고 전장에 빈손으로 나갈 수 없다. 신입사원 면접에서 무조건 시키는 질문 리스트가 있듯이, 경력직 인터뷰에서 반드시 시키는 질문들은 정해져 있다. 기본적인 질문 정도는 답변을 미리 준비해놓는 것이 인터뷰를 잘하는 방법이다.

① 직장을 그만두는 이유가 무엇인가?

자기소개만큼 당연히 나오는 질문인데도 많은 후보자들이 어려워하는 질문이다. 판에 박힌 답변을 말하자니 진정성이 없는 것처럼 느껴져서 만족스럽지가 않고, 솔직하게 답변하자니 면접관이 안 좋게 볼까봐 걱정이 된다. 예를 들어 상사와 갈등이 있어서 퇴사를 고려한다고 했을 때, 이것을 솔직히 이야기하면 어떻게 될까. 면접관은 새로운 회사에서도 같은 문제가 발생할 수 있다고 생각하게 되고, 당연히 부정적으로 생각하게 된다. 퇴직 사유를 묻는 질문에 답변할 때는 무조건 긍정적으로 답변해야 한다. '회사가 지방 이전을 할 예정인데 자녀교육 문제로 현 지역을 떠날 수 없다.' '좀 더 적극적으로 일을 다양하게 해보고 싶은데, 현재 구조에서는 행동에 제약이 있기 때문에 새로운 기회를 고려 중이다.' '대기업에서 충분한 경험을 쌓았기 때문에 좀 더 재량권이 있고 종합적 능력을 요구하는 중소기업에서 일하는 것도 좋은 기회라고 생각한다.'와 같은 답변처럼 좀 더 긍정적이고 미래 지향적인 답변을 하는 것이 요령이다.

후보자 인터뷰를 해보면 퇴직 사유는 정말 개인의 취향만큼 다양하다. 잦은 술자리가 싫어서 퇴사하고자 하는 사람부터 장부조작과 같은 불법적인 일이 싫어서 퇴사하는 사람, 그냥 좀 더 개인시간을 갖고 편하게 일하고자 하는 사람, 연봉이 적어서 퇴사하는 사람 등 다양하다. 하지만 그냥 친한 사람들끼리 있는 자리라면 모를까, 공식적인 면접이라면 개인적인 퇴직 사유는 잠시 접어두고 긍정적인 답변을 할 수 있도록 하자.

② 현재 회사에서 하고 있는 일의 장·단점은 무엇인가?

현재 회사에서 하고 있는 직무의 장·단점을 묻는 이 질문은 현재 후보자가 가지고 있는 업무 역량의 강점과 약점을 파악하고자 하는 의도를 가진 질문이다. 장점이라고 생각하는 점은 후보자가 업무를 하면서 자신 있게 하는 것들일 것이고, 단점이라고 생각하는 것은 후보자가 불만을 가지고 있는 것으로서 아마도 퇴직 사유와 연결될 것이다. 이런 질문에 대한 답변 역시 요령이 필요하다. 장점을 이야기할 때는 본인 이력서상에 기술한 핵심 역량과 연결시켜서 이야기해야 서류와 경험이 완결되는 일관성을 가질 수 있다. 핵심 역량이 영업 능력인데, 현재 회사의 장점이 시스템이나 구조적으로 지원이 잘되는 환경이라고 이야기한다면 어떨까? 그 사람의 영업 능력은 조직의 도움으로 가능했다는 이야기가 된다. 척박한 환경에서 무에서 유를 만들어내는 게 영업의 기본이다. 이상적으로 들리는 이야기지만, 적어도 새로운 사람을 뽑을 때는 그런 사람을 뽑고 싶은 것이 심리다. 핵심 역량이 영업 능력이면 현재 회사의 장점은 스스로 판단하고 추진할 수 있는 기회를 많이 가지는 것이 장점이라고 이야기하는 것이 낫다.

단점은 퇴직 사유와 연결되기 때문에 좀 더 고민하고 신중하게 이야기해야 한다. 편하게 답변하는 요령은 장점을 바꾸어 말하는 법이다. 장점은 단점이고, 단점은 곧 장점이 된다. 앞의 경우처럼 개인이 의사결정을 할 수 있는 재량권이 많은 것이 장점이라고 이야기했다면, 그것을 조금만 바꿔 이야기하면 된다. 재량권이 많은 것이 장점이긴 하지만 좀 더 배울 수 있는 기회가 적은 것은 아닌가 생각한다. 그래서 좀 더 큰 조직, 새로운 조직에서 배우면 좋겠다고 생각한다고 답변하는 것이다. 각각의 장점과 단점을 말하는 답변 스타일보다 하나의 이유를 장점이자 단점이라고 답변하는 스타일이 효과적이다. 그 이유는 좀 더 객관적으로 본인을 인식하고 있다는 점을 보여줄 수 있기 때문이다. 주관적인 답변을 하는 경우는 면접관의 공감을 얻기 힘들다.

③ 입사한다면 어떤 일을 하고 싶은가?

이 질문에 어떻게 답변해야 할지 어려워하는 사람들이 많다. 내 생각대로 말하자니 현재 조직과 안 맞는 답변이 될까 싶어서이다. 이런 경우는 질문을 역으로 해야 한다. 오히려 현재 조직을 설명받을 수 있는 기회로 삼아야 한다. "같은 일이지만 회사에 따라 조직 구성이나 업무 환경이 틀린데, 현재 회사의 조직 구성과 업무 분장이 어떻게 이루어지는지에 따라 틀릴 것 같다. 그 속에서 내가 할 수 있는 일을 찾겠다."라고 답변한다. 그러면 자연스럽게 면접관은 현재 회사의 조직 구성과 업무 분장을 설명하게 된다. 그렇게 정보를 얻고 그에 맞춰서 추가 답변을 하자. 내부 조직에 대한 설명도 듣고 신중한 사람이 될 수 있으니 좋은 기회이다.

내부 조직에 대한 설명을 면접관으로부터 들었다면, 좀 더 구체적인 답변을 해야 한다. 답변을 할 때는 지나치지 않게 적정선을 지키는 것이 필요하다. 자신의 강점 위주로 업무 성과를 어떻게 낼 수 있을지를 설명하고, 본인이 해당 회사에서 얻을 수 있는 발전의 기회라고 생각되는 부분을 이야기한다.

기본적으로 나오는 몇 가지 인터뷰 질문을 살펴봤다. 경력직 인터뷰도 신입사원 인터뷰와 마찬가지로 연습이다. 우리가 이직을 생활로 삼지 않는 한 누구나 이직 인터뷰는 어렵다. 대부분의 후보자가 첫 인터뷰를 마치고 나오면 하는 말이 본인이 면접관일 때는 몰랐는데 오랜만에 해보려니 어렵다는 것이다. 그런데 가끔 헤드헌터들을 통해 해당 기업 인터뷰에 대한 구체적인 팁(tip)을 받을 때도 있다. 그 회사의 인재 채용을 오래 진행하다 보니 반복적으로 나오는 질문과 면접관의 반응이 좋았던 답변을 정리해서 후보자에게 주는 것이다. 이른바 면접 족보다. 개인적으로는 면접 족보에 대해 부정적이다. 면접 족보를 주면 입사 성공률은 확실히 높아질 가능성이 많다. 하지만 대략적인 가이드를 주는 경우라면 몰라도, 면접 족보를 줘서 입사한다는 것은 너무 지나친 연극이 아닌가 한다. 고객사 입장에서 객관적으로 후보자를 검증할 기회를 잃게 하는 것이고, 후보자 입장에서도 스스로 판단할 기회를 뺏는 것이다. 면접 족보 없이도 면접을 잘 보려면 이미지 트레이닝을 충분히 하는 것이 필요하다. 마치 첫 프레젠테이션을 할 때처럼, 면접장에 들어서는 순간부터 면접관과 인사할 때, 경력을 설명할 때, 약점을 설명할 때처럼, 예상되는 질문의 순서대로 이미지를 그려보며 준비하는 것은 상당히 효과적이다. 사람마다 강점이 다르기 때문에 족보를 외우기보다는 스스로 면접을 구조화시키는 것이 필요하다.

면접
구조화하기

사람을 강하게 만드는 것은 사람이 하는 일이 아니라,
하고자 하는 노력이다.

-어니스트 헤밍웨이

보통 기업 입장에서 구조화 면접(structured interview)이라고 하면, 사전에 정해진 질문 내용과 방법을 정해놓고 진행하는 면접을 일컫는다. 면접관에 따라 평가가 달라지는 것이 아니라, 누가 들어가더라도 같은 질문을 하기 때문에 면접관의 주관을 배제하고 표준화시킬 수 있다는 것이 장점이다. 구조화 면접은 4050 면접에서는 많이 이루어지지 않는다. 보통은 신입사원이나 경력직 공채처럼 공 다수의 면접자를 짧은 시간 안에 평가할 때 쓰는 방식이다. 이 장에서 말하고자 하는 면접 구조화는 기업 입장의 면접 구조화와는 다른 의미이다. 후보자 입장에서 내가 원하는 면접 방향으로 갈 수 있도록 주도권을 가지는 방법으로서 구조화 면접을 살펴보려 한다.

구조화 면접을 준비할 때 핵심은 '자기소개'와 '스토리텔링'이다. 자기소개는 단순히 나에 대한 정보를 전달하는 것이 아니라, 내가 전달하고자 하는 점을 표현하는 명확한 의도를 가지고 각인시키는 짧은 프레젠테이션이다. 이해를 돕기 위해 비교적 단순한 신입사원 예를 살펴보겠다. 아래 예의 지원자는 회계사 시험 준비를 하느라 졸업이 늦어진 신입사원 지원자였다. 회계사 시험은 결국 실패했고, 회계사 시험 준비를 하느라 결국 다른 자격증은 하나도 준비하지 못 했다. 이런 조건으로만 보면 강점보다 약점이 많은 후보자가 된다. 이 부분을 커버하려면 면접관이 자격증과 같은 조건이 아닌, 다른 점에 주목할 수 있도록 면접의 방향을 정해야 한다. 그게 자기소개 프레젠테이션의 '의도'이다.

> 안녕하십니까. 00증권 입사 지원자 000입니다.
> 저는 증권사 법인 영업에 도전하고자 합니다.
> 제가 법인 영업에 도전하고자 하는 이유는
> 첫째로, 책상보다는 현장에서 부딪히며 답을 찾는 것이 익숙하고,
> 둘째로, 사람들을 만나 처음 이야기를 꺼내는 것을 어려워하지 않기 때문입니다.
> 대학시절 노가다 아르바이트를 하며 제가 배운 것은 누구나 처음에는 현장에서 몸으로 부딪히며 경험을 쌓아나간다는 것이었습니다. 그렇게 경험이 쌓이면 기술과 노하우가 축적되면서 전문가가 된다는 것을 배웠습니다. 시작은 열정만으로 하지만, 10년 후에는 00의 든든한 버팀목이 되는 전문가로 성장하겠습니다.

　법인 영업이라는 터프한 분야를 목표로 삼고, 본인이 부족한 부분이 아닌 현장에서 '헝그리(hungry)한' 경험을 살릴 수 있는 후보자로 각인시키기 위한 명확한 목적을 가진 자기소개이다. 이렇게 자기소개란 명확한 목적이 있어야 한다. 이런 자기소개를 들으면 면접관은 어떤 질문을 할까? 면접관의 질문은 대략 예상이 된다. 이 책을 읽는 여러분이 면접관의 입장이라면 어떤 질문을 할지 생각해 보자.

Q1. 증권사 법인 영업에 대해 얼마나 알고 있는가.
Q2. 전문성을 갖춘 서비스란 무엇인가.
Q3. 본인이 영업을 잘할 수 있는 비결은 무엇인가.
Q4. 노가다를 통해 구체적으로 무엇을 배웠는가.
.
.
.

면접관의 질문을 예상할 수 있는 것은 자기소개라는 프레젠테이션을 할 때부터 의도와 목적이 명확했기 때문이다. 자기소개를 어떻게 하느냐에 따라 면접관으로부터 평범한 질문을 받느냐, 아니면 내가 원하는 질문을 받느냐 하는 차이가 난다. 내가 원하는 질문을 예상할 수 있다면 답변도 명확히 준비할 수 있기 때문에 면접은 한결 수월해진다.

스토리텔링이란 '나의 이야기'를 전달하는 것이다. 구체적인 나의 상황을 전달함으로써 좀 더 친밀한 공감대를 끌어내는 데 목적이 있다. 보통 말을 잘한다는 평을 듣는 사람들은 이런 스토리텔링을 잘하는 사람들이다. 이번에도 간단한 스토리텔링 예를 하나 살펴보자. 이번 지원자 같은 경우는 반듯하고 모범적인데 오히려 너무 곱게 자란 티가 나서 회사에 잘 적응할 수 있을까 걱정스러운 경우이다.

안녕하십니까. OO은행 입행 지원자 OOO입니다.
최근 취직 준비를 하면서 받은 면접 질문 중 저 자신을 돌아보게 된 질문이 있습니다.
면접관께서 '인생에서 가장 큰 실패'가 뭔지 물으셨고, 저는 '주식투자 실패'라고 답변했습니다. 그러자 면접관께서는 그보다 더 큰 실패는 없냐고 물으셨고, 저는 특별히 없었던 것 같다고 말씀드렸습니다. 면접이 끝나고 돌아와서도 답변을 잘못 한 게 아닐까 두고두고 생각했습니다. 그렇게 생각하다 얻은 결론은 실제 실패한 적이 별로 없다는 것이었습니다. 이유는 무슨 일이든 일단 시작하면 마무리를 짓기 위해 끝까지 노력하는 편이고, 돌아보면 언제나 주변의 좋은 사람들과 교류하면서 낙천적으로 지냈기 때문에 실패를 실패라고 크게 생각하지 않았기 때문입니다. 긍정의 힘으로 실패를 실패로 생각하지 않는 신입 행원이 되겠습니다.

스토리텔링이란 이처럼 구체적인 예를 가지고 상대방과 이야기하는 방법이다. 면접에서 스토리텔링 역시 명확한 목적을 가지고 있다. 앞의 자기소개와 마찬가지로 면접관이 나의 약점이 아닌 강점에 주목하도록 하는 것이다.

경력직 이직자들은 임원급으로 올라갈수록 스토리텔링이 자연스럽다. 그냥 부서가 바뀌고 승진한 것이 아니라, '어떤 계기로?' '누구의 도움으로?'와 같은 부분을 구체적인 상황 속에서 풀어서 이야기한다. 이런 부분을 잘할수록 면접관의 호감이 높아진다. 대화를 편하게 이끄는 사람이라는 인상을 주기 때문이다. 하지만 스토리텔링이 너무 지나쳐도 문제가 있다. 기본적으로 업무 능력을 평가하기 위한 면접 자리가 서로 개인적인 이야기를 나누는 자리처럼 될 수도 있기 때문이다. 스토리텔링도 과하지 않게 적당히 하는 것이 필요하다.

'자기소개'와 '스토리텔링'을 이해하고 면접의 방향을 스스로 정하는 것이 후보자 입장의 면접 구조화의 첫 걸음이다. 방향을 스스로 정하고 전체적인 면접의 진행을 예상되는 질문에 맞춰서 끌어가는 것이다. 한 편의 연극 시나리오를 써내려가는 것과 같다. 대화의 흐름을 예상해서 마무리까지 시나리오를 완결시키는 것이다. 이렇게 지원자 입장에서 의도를 가지고 내가 원하는 방향으로 면접을 이끌 수 있는 방법이 존재한다. 면접이 쌍방향 커뮤니케이션으로 느껴지고 면접관과 지원자 모두 좋은 인상을 주려면, 적극적으로 면접을 구조화시키려는 노력이 필요하다.

면접에서 좋은 시나리오를 만들려면 해당 업계나 직무에 대해 아는 것이 기본이다. 하는 일을 정확히 알아야 기업 입장에서 내게 무엇을 요구할지 알기 때문이다. 그러나 무엇보다 가장 중요한 것은 냉정하게 자기 자신을 평가할 수 있어야 한다는 점이다. 냉정하고 객관적인 눈으로 본인을 평가할 수 있어야 보다 완벽한 시나리오가 만들어진다. 정말 답변하기 어려운 질문이 나올 때를 예상할 수 있기 때문이다. 보통 면접이 망하는 것은 몇 개의 잘못된 답변 때문이다. 본인의 단점을 직시하고 거기에 맞는 질문과 답변을 시나리오로 만드는 작업이 면접 준비의 완성도를 높인다.

면접 결과 통보

어떤 후보자는 면접을 보고 집으로 돌아가는 길에 결과를 전해 듣기도 하고, 어떤 후보자는 면접을 보고 한 달 이상 결과를 기다리기도 한다. 기본적으로 면접 결과가 전해지는 데 이렇게 다른 것은 회사에 따라 채용 의사결정 구조가 다르기 때문이다. 대체적으로 외국계는 관련된 인터뷰어(interviewer)들의 피드백을 다 종합해서 결론을 내리다 보니 면접 결과가 늦게 나오는 편이다. 보통 면접결과를 받는데 2주 이상 걸린다. 인터뷰 절차가 많기로 유명한 한 외국계 은행의 경우에는, 주요 포지션인 경우 함께 일하게 될 피어 그룹(peer group)부터 임원진 인터뷰까지 8차례 이상 면접을 진행한다. 이런 경우에는 면접 진행 횟수가 많다 보니 인터뷰어들의 스케줄을 잡는 것도 시간이 걸리고 면접 결과를 받기까지도 시간이 걸리니, 보통 2~3개월 정도 인터뷰 진행을 생각해야 한다.

그에 반해 국내 기업들은 면접 결과 통보가 매우 빠르다. 정말 집으로 돌아가는 길에 면접 결과를 전해 듣는 경우도 많다. 아무래도 외국계에 비해서는 의사결정 구조가 단순하기 때문이다. 담당 임원이나 대표이사가 결정하면 바로 결정이 난다. 이런 경우는 면접에서 연봉 협상까지 일주일 안에 끝나기도 한다. 물론 모든 국내 기업이 그런 것은 아니다. 국내 기업이라 할지라도, 면접 결과를 최종적으로 확인해주는 데 한 달 이상 걸리는 경우도 있다.

외국계 기업이건 국내기업이건, 아무래도 후보자들 입장에서는 면접 결과를 빨리 받는 쪽이 마음 편할 것이다. 면접 결과가 늦게 나오는 데는 어떤 이유가 있을까? 채용 권한이 누구에게 있느냐에 따라 면접 결과가 늦어지는 것은 나름 객관적인 이유가 되기 때문에 납득이 간다. 그런데 실제 채용 과정에서 면접 결과가 늦어지는 것은 의사 결정권만의 문제는 아니다. 여러 가지 경우가 있는데, 가장 많은 경우는 나 이외에 다른 후보자들을 더 보고 비교 검증할 시간이 필요하기 때문이다. 경력직 채용의 경우 공채처럼 한 날 한 시에 모여서 보는 면접이 아니기 때문에, 같은 포지션에 인터뷰를 보는 경우에도 인터뷰 날짜가 며칠씩 혹은 일주일 이상 차이나기도 한다. 그러다 보니 먼저 인터뷰를 본 사람은 다음 후보자 인터뷰가 진행될 때까지 본인 결과를 기다려야 하는 것이다.

다음 경우도 비슷하다. 괜찮을 것 같긴 하지만 딱 마음에 들지 않아서 추가 후보자를 더 보길 원하는 경우다. 이런 경우는 다른 후보자를 찾아서 서류검토 후 인터뷰까지 진행해야 하니, 먼저 인터뷰한 입장에서는 기다리는 시기가 더 길어진다. 보통 이런 경우는 인터뷰 결과가 안 좋은 경우가 더 많다. 정말 업계를 다 뒤져서 나 한 사람만이 적임자인 경우가 아니라면, 추가로 추천된 후보자가 나보다 더 기업 입장에서 마음에 드는 사람일 확률이 높기 때문이다. 왜냐하면 나를 인터뷰하면서 마음에 드는 점과 안 드는 점이 기업 입장에서는 명확하게 기준이 생겼기 때문에, 다음 인터뷰 후보자로서 앞서 인터뷰를 본 사람을 보완할 만한 사람이 인터뷰에 올라가기 때문이다.

면접 결과가 늦어지는 또 다른 이유로는 사업 추진이 급하지 않기 때문인 경우도 많다. 후보자 입장에서는 그럴 거면 뭣 하러 면접을 봤나 싶어 할 만하지만, 실제로 그런 경우도 많다. 보통 인사팀을 통해서 진행되는 면접보다는 담당 임원이나 대표이사를 직접 만나는 경우에 이런 일이 많다. 결정권자 입장에서는 늘 새로운 조직 구성이나 사업 방향을 고민하기 때문에, 관련해서 좋은 사람이 있으면 일단 무조건 만나고 본다. 헤드헌팅을 하면서 임원이나 대표이사에게 후보자 추천을 했을 때, 지금은 TO가 없어서 사람을 못 보겠다고 하는 경우는 거의 보지 못했다. 좋은 사람이 있으면 언제든 보는 게 결정권을 가진 사람들이다. 그런데 일단 보기는 봤는데 아주 맘에 들지는 않는다거나 사업 추진 시기까지는 시간 여유가 있는 경우 면접 결과가 애매모호하게 나온다. 사업 추진 시기까지 여유가 있고 그 사이 어떤 변수가 있을지 모르기 때문에, 일단은 후보자를 Pool 안에 넣어두고 싶은 것이다. 역시 이런 경우도 결과가 좋은 경우는 많지 않다. 기간이 길어지다 보면 변수가 많아지기 때문이다. 애매모호하게 면접 결과를 받은 경우라면, 나 역시도 그 회사를 Pool 안에 넣어두고 다른 회사를 더 찾아보는 것이 현명하다.

연봉 협상할 때
실수하는 것

신은 결코 용기 있는 자를 버리지 않는다.

- 헬렌 켈러

작년에 스마트폰 핵심 기술을 개발하는 A사 인력 채용을 진행한 적이 있다. 경쟁사인 B사 엔지니어 인력을 찾길 원했고, 마침 퇴직하고 쉬고 있는, 전직 규정에도 문제가 없는 후보자가 있었다. 사전 인터뷰를 진행했고 희망 연봉을 물어봤을 때도 A사에서 지급할 수 있는 수준을 원했기에 바로 고객사에 추천을 진행했다. 그런데 면접 후 합격 통보를 받고 후보자 태도가 변했다. 퇴직 시 받던 연봉에서 30% 인상을 원한다는 것이다. 이유는 B사를 퇴직한 사람들이 다른 회사로 이직할 때 그 정도 받고 갔고, 본인 연봉이 2년 동안 인상이 안 됐기 때문에 그 정도는 받아야 할 것 같다는 것이다. 추천한 헤드헌터인 나는 물론 고객사도 매우 당황했다.

연봉 협상을 할 때는 객관적으로 납득할 만한 근거가 필요하다. 그 후보자는 두 가지를 잘못 생각하고 있었다. 첫째로 나와 함께 일했던 사람들의 능력을 나와 동일시한다는 점이다. 같은 일을 한다고 모두가 같은 능력을 가졌다고 보기 힘들다. 같은 일을 하는 사람들이 이만큼 받으니 나도 그만큼 받고 싶다는 건 설득력이 약한 이유다. 두 번째로 2년간 인상이 안 된 연봉을 새로운 회사에서 보상받으려 했다는 점이다. 새로운 회사는 2년간 인상 안 된 연봉을 보상해줘야 할 책임이나 의무가 없다. 협상되기 어려웠다. 더군다나 A사에는 이미 B사 출신들이 근무하고 있었는데, 기존 입사한 B사 출신들보다 이 후보자가 원하는 연봉은 지나치게 높은 수준이었다. 결국 A사에서는 기존 입사한 B사 출신들과 같은 수준을 제시했고, 해당 연봉 수준으로 본인이 수락하지 않으면 굳이 채용하지 않겠다는 답변을 받았다.

그 후보자 역시 A사에서 제시한 연봉 안을 거절했는데, 그 정도에서 끝났으면 참 좋을 뻔했다. 후보자가 제시된 연봉 안을 거부했고 고객사에 후보자 의사를 다 전달했는데, 며칠 후 다시 연락이 와서 본인이 원했던 30% 인상보다 적게 줄일 테니 다시 진행해 달라는 것이었다. 아마 보통의 다른 딜이면 헤드헌터로서 더 이상 진행이 어렵다고 딱 자르고 고객사에 전달하지도 않았을 것이다. 하지만 해당 업계에서 전직 제한 규정에서 자유로운 사람이 많지 않기 때문에, 일단 고객사의 반응을 보려고 전달해보았더니 고객사에서는 매우 냉정했다. 연봉 협상을 하는 후보자 태도 자체가 본인들 기준과 맞지 않으니 더 이상 진행하지 말라는 내용이었다. 아쉽지만 그 딜은 그렇게 끝이 났다.

위 사례는 연봉 협상을 잘못 이해하고 있어서 생긴 대표적인 예이다. 이직 시장에서 나라는 사람은 상품이고 잘 팔아야 한다는 것이 기본이지만, 결국 나는 물건이 아닌 사람이다. 사람의 값을 물건값 흥정하듯이 할 수는 없는 것이다. 위와 같은 접근법은 우리가 해외여행 갔을 때 재래시장에서 물건 값 흥정할 때나 쓰는 방식이다. 일단 연봉을 높게 불러보고 거절했다가 중간으로 조정하는 건 연봉 협상에서는 통용되지 않는다. 협상을 하려면 중간에 거절의사를 표현해서는 안 된다. 중간에 선 그어보고 다시 협상을 하는 건 물건 값을 깎을 때나 가능한 이야기다.

연봉 협상에 대해서는 주변 지인들의 '이래야 한다' 통신부터 수많은 이론(?)들이 존재한다. 연봉 협상이란 단어를 포털 사이트에서 검색해보면, 이 이론들은 보다 더 다양해진다. 사람마다 보는 기준이 다 틀리기 때문이다. 그런데 연봉 협상에서 가장 중요한 것은 회사가 납득할 만한 근거를 가지느냐 아니냐이다. 조금이라도 만족스러운 협상안을 기대한다면, 회사가 납득할 만한 객관적인 근거를 준비해야 한다. 연봉 협상에서 본인 혼자만 납득할 만한 근거로 접근해서는 결코 성공적인 결과를 얻을 수 없다. 본인 혼자만 납득하는 근거로는 어떤 것이 있을까?

① 협상을 생각해서 일단 높게 부르고 본다

이런 접근은 연차가 낮을수록 많은 편이다. 회사 내에서도 연봉 협상 경험이 없고 이직을 하면서 이런 부분을 보상받으려고 생각하기 때문이다. 물론 4050 세대 중에도 이런 사람이 있다. 4050 세대의 경우는 보상심리보다는 이직을 해본 경험이 거의 없다 보니, 주변의 '이래야 한다' 통신에 의지한 경우 생길 수 있다. 그런데 일단 높게 부르더라도 적정 범위라는 것이 있다. 임원급이라 할지라도 해당 직급이 받는 연봉 테이블은 정해져 있다. 이 범위에 맞는 수준이어야 협상이 진행된다. 정말 연봉을 잘 받으려면 해당 직급 내에서 가장 높은 연봉을 받으면 그 정도 수준으로 협상해야 한다. 그보다 훨씬 높게 부른다고 내가 원하는 연봉이 나오지 않는다. 인사팀 입장에서는 그 정도를 저희는 줄 수 없으니 줄 수 있는 다른 회사를 알아보시라고 한다.

많은 사람들이 인사팀 채용 담당자를 오해하는데, 채용 담당자는 일단 무조건 낮은 연봉을 제시할 거라는 생각이다. 그러니 내가 좀 높게 불러야 절충점이 생기지 않겠나 생각하는 것이다. 이런 방식이 바로 시장에서 물건 값을 흥정하는 방식이다. 물론 그런 인사 담당자가 있을 수도 있다. 아마 매우 회사를 사랑하는 애사심이 넘치는 경우일 것이다. 하지만 대부분의 인사팀 채용 담당자는 그냥 자기 일을 할 뿐이다. 나 이외의 다른 후보자들의 채용도 진행하면서 적정 연차에 맞는 적정 연봉을 제시하고, 전체적인 연봉 구조를 흔들지 않으려는 사람들이다. 일부러 낮은 연봉을 제시하는 인사 담당자는 없다. 면접만 합격하면 본인이 칼자루를 쥐었다고 생각하기 쉽지만, 대기업이고 회사 규모가 클수록 마지막 결정권은 인사팀 채용 담당자가 가진다. 위 사례처럼 후보자 태도가 적절치 않으면 잘라낼 수 있는 게 실무자의 권한인 것이다. 위에다가는 후보자 태도가 본인들 기준과 맞지 않아서 진행하지 않겠다고 보고하면 그만이다. 그 역시 일인 것이다. 와서 함께 일할 사람을 찾는 것이지, 점프업해서 뭔가 보상받길 원하는 사람을 찾아야 하는 것이 아니기 때문이다. 일단 높게 부르고 보자는 생각은 버리자.

② 같은 일을 하는 다른 사람은 이 정도 받는다

같은 직종이라 할지라도 회사에 따라서 연봉이 높을 수도 낮을 수도 있다. 이런 부분을 이직을 통해 보완하고자 할 때 들을 수 있는 이야기다. '같은 직종에 있는 본인 동기들 연봉은 이렇다. 현재 회사가 좀 낮은 편이라 이직할 때는 본인도 그 이상은 받아야 한다.'고 하는 이야기는 아주 개인적인 이유이다. 실제 연봉 협상을 할 때 근거로 내세우기에는 부족한 점이 많다. 앞서 이야기했듯이, 같은 회사 내에서도 업무 평가에 따라 연봉이 다르기도 하다. 그런데 회사가 다른데 연봉이 다른 것은 당연한 이야기다. 인사팀에서 연봉 협상을 할 때 중요하게 보는 점은 현재 원천징수 영수증에 얼마가 찍혀 있는가 하는 점이지, 같은 업계의 다른 사람들이 얼마를 받고 있는지가 아니다.

물론 위와 같은 생각을 할 수 있다. 그런 불만이 있기 때문에 이직을 생각했을 것이다. 하지만 그건 개인적인 생각으로 마음에만 담고 밖으로 내비치지 말아야 한다. 좀 더 연봉 협상을 잘하고 싶다면, 그보다는 좀 더 객관적인 근거를 모아서 제시해야 한다. 받아들이느냐 아니냐는 회사 정책에 따라 차이가 있을 수 있지만, 설득할 수 있다면 보다 만족스러운 제안을 받을 것이다. 객관적인 근거로 삼을 수 있는 자료는 다음 장에서 살펴보도록 하겠다.

③ 그동안 받았던 경비 지원 등 부수적인 부분까지 포괄해서 연봉 협상을 하고 싶다

대체로 이런 말을 전하면 인사 담당자는 열에 아홉은 난색을 표한다. 이유는 회사마다 규정이 다른데, 이런 부분을 근거로 삼아서 연봉 협상을 하기가 인사 담당자 입장에서 어렵기 때문이다. 보통 인사팀은 기본급과 상여금이 찍힌 원천징수 영수증을 기준으로 한다. 원천징수 영수증에 찍히지 않은 다른 경비 지원과 같은 부분은 구비서류 항목에 아예 들어가지 않는다. 인사팀 입장에서 필요하지 않은 서류를 가지고 와서 증빙을 할 테니 연봉 인상을 하자는 이야기다. 인사 담당자 입장에서 정말 어려운 이야기다.

그래도 다행스러운 점은 앞의 두 가지 예처럼 '절대 불가' 항목은 아니다. 적절한 증빙을 가진다면 받아들여질 여지가 있는 부분이 있다. 물론 받아들여질 확률은 30% 미만이다. 보통 이런 경우 받아들여지는 것은 매월 혹은 매년 지원받은 기록이 남아 있거나 해야 가능하다. 매달 혹은 매년 고정적으로 들어온 금액이라면, 그리고 그 액수가 작지 않다면, 상식적으로 연봉의 개념에 들어가기 때문이다. 기본급이나 상여와 같은 항목은 아니지만, 정상참작이 가능한 범주라는 뜻이다.

이번 장에서는 연봉 협상을 본격적으로 하기 전에 흔히 저지르는 실수를 먼저 살펴봤다. 연봉 협상은 이직할 때 가장 기분 좋고 설레는 순간일지도 모른다. 사실 재직하는 동안 매년 연봉 협상을 한다고 하지만, 전시행정과 같은 연례행사일 뿐 재직 중에 연봉을 올려달라고 과감하게 이야기하기는 어렵기 때문이다. 자칫 말 잘못 꺼냈다가 알아서 나가야 할 상황이 생기지 말라는 보장이 없기 때문이다. 그러니 이직을 할 때야말로 그동안 내가 원해왔던 것을 이룰 수 있는 기회라는 생각이 든다. 실제 이직이란 그런 불만을 해소할 기회가 되는 것은 맞다. 하지만 욕심이 앞서면 애써 잡은 기회가 물거품이 된다. 연봉의 수직 상승은 참 좋은 일이지만, 그런 경우는 매우 드물다. 좋은 기회를 만났을 때 현실적인 타협을 할 수 있는 것이 필요하다.

연봉 협상
잘하는 법

마음에 욕망이 생기거든 곤궁할 때를 생각하라.
인내는 무사장구(無事長久)의 근본이다.

- 도쿠가와 이에야쓰

이직할 때 생각해야 할 것은 연봉 인상만이 아니다. 회사의 안정성도 중요하고 개인적인 성장 가능성도 중요하다. 그런데 대부분의 사람들은 막연히 이직 준비를 시작하고, 막상 닥쳐서야 고민하다 잘못된 결정을 하기도 한다. 여러 군데 인터뷰를 진행해보고 좋은 조건을 제시하는 곳으로 가면 되는 것 아닌가 하는 생각들을 많이 한다. 그런데 연봉이 많이 올랐다고 주변에 자랑스럽게 이야기하고 입사한 지 3개월 만에 퇴사하는 사람들도 있다. 연봉만 생각했지 다른 부분들을 간과했기 때문이다. 그런 실수를 범하지 않기 위해 연봉 협상과 관련해서 필요한 몇 가지 가이드라인을 가질 필요가 있다. 미리 가이드를 가지고 연봉 협상을 준비하는 것은 결과만을 가지고 고민하는 것과는 많은 차이가 있다.

① 연봉이 중요한지 기회가 중요한지 우선순위를 확실히 정해야 한다.

두 가지 다 가지면 얼마나 좋겠는가? 하지만 결정을 잘하기 위해서는 본인 스스로 우선순위를 가지고 우선순위에 맞춰서 고민해야 한다. 우선순위가 없는 사람은 이것도 갖고 싶고 저것도 갖고 싶고 갖고 싶은 것은 많은데, 그런 것들을 다 만족시킬 기회를 찾다가 시간만 낭비한다. 원하는 것을 다 만족시킬 기회는 거의 없다. 무엇을 더 중요하게 볼지 생각해두어야 한다.

개인적으로는 돈보다 늘 기회를 우선적으로 생각하길 권한다. 기회에는 성장의 기회뿐만 아니라 회사나 직무의 안정성도 포함된다. 돈을 우선순위에 놓고 이직 기회를 찾는 경우 늘 결과가 안 좋다. 재작년에 한 금융회사 팀장급을 진행할 때의 이야기다. 후보자는 현재 연봉에서 30% 정도 인상을 원했는데, 헤드헌터가 보기에 좀 과한 정도였다. 하지만 워낙 사람 찾기가 힘든 분야였고 후보자 이직 동기가 돈 이외에는 크게 없었기 때문에, 결국 회사 입장에서 많은 부분을 수용해서 원하는 연봉 수준을 받고 입사를 했다. 거기까지는 참 좋았다. 세상에 공짜는 없는 법이라서 회사에서는 당연히 그 정도 연봉을 받는 만큼 성과를 내길 요구했고, 그게 갈등의 요소가 되었다. 금융권 전반적으로 불황인 상황에서 개인 능력만으로 성과를 내기에는 한계가 있었기 때문이다. 결국 그 후보자는 6개월 만에 퇴사하고 말았다.

반대로 우선순위가 너무 명확해서는 안 되는 경우도 있다. 작년에 이메일로 이력서가 하나 들어왔는데, 메일에 본인이 원하는 내용을 구체적으로 명시했다. 출퇴근이 어려우면 안 되기 때문에 지역은 서울 강북, 광화문이나 종로 인근이 아니면 힘들고, 연봉은 현재 처우가 낮은 편이기 때문에 반드시 현재 수준에서 20% 정도 인상이 가능해야 하고, 육아를 병행하고 있기 때문에 야근이 많은 회사는 고려하지 않는다는 내용이었다. 개인적으로 우선순위가 모호한 사람들보다 명확한 사람들을 선호하지만, 이 경우는 아마 결코 연락하지 않을 경우가 아닌가 한다. 보통 우선순위를 저 정도로 구체적으로 적는 사람들의 경우 융통성이 부족한 경우가 많고, 고객사에 인터뷰를 보내도 성사시키기가 쉽지 않기 때문이다. 본인에게는 다 필요한 내용일지 몰라도, 결국 뒤집어보면 집 가까운 곳에 야근 없이 일하면서 연봉을 20%씩 올려줄 회사가 얼마나 있을까. 내가 정말 그 분야에 몇 명 안 되는 인재라면 모를까.

다시 본론으로 돌아오자. 지나치면 과하지만 우선순위란 없는 것보다는 있는 것이 낫고, 조건의 모두를 만족시키는 것이 아니라 중요한 것들을 우선적으로 맞출 수 있는지를 가지고 연봉 협상을 준비해야 한다.

② 기대하는 연봉 수준은 구간으로 산정해야 한다.

협상을 잘하려면 본인 연봉에 대한 범위를 미리 생각해야 한다. 개인적인 생활을 고려해서 마지노선을 어느 정도로 할 것인지 우선 생각해야 한다. 마지노선을 생각해둔 다음에 인상폭도 생각해두는 것이다. 이직할 때 대체로 연봉이 오르는 것은 사실이나, 모두가 오르는 것은 아니기 때문이다. 의외로 현재 수준과 비슷한 수준에서 움직이는 경우도 많은 편이다. 아마 이 경우는 이직 동기가 돈 때문은 아닐 것이다. 헤드헌터로 일하면서 많이 받는 질문이 '연봉이 어느 정도 오르면 잘 받은 건가요?'라는 질문이다. 실제 연봉 인상이 이루어지는 것을 토대로 볼 때 기본급을 기준으로 10~15% 정도 오르는 것이 일반적이다. 대부분의 기업이 연차에 따라 지급하는 연봉 구간이 있기 때문에, 그 범위 안에서 연봉을 결정하기 때문이다. 물론 20~30% 인상 오르는 경우들도 있었다. 그런 경우는 금융권이거나, 경기가 매우 호황이라 누구든 성과를 내기가 어렵지 않을 때이거나, 내가 정말 특출 나서 그 사업 분야 전체를 총괄할 때나 가능한 이야기였다. 그러니 대부분의 사람들에게는 그 정도 수준보다는 낮춰 잡는 것이 현실적이다.

③ 그럼에도 불구하고 조금이라도 더 받으려면 근거가 명확해야 한다.

요즘엔 대기업들도 경력직 채용이 유연해져서 연차가 낮은 경우에도 사인 온(Sign-on) 보너스를 지급한다. 사인 온 보너스는 업무 평가와는 별도로 입사 시점에 받는 인센티브이다. 예전에는 임원급 정도를 스카우트할 때나 사인 온 보너스를 줬는데, 요즘엔 대리급들도 사인 온 보너스를 받는다. 사람은 뽑아야겠는데 기존 급여 테이블 내에서는 해결하기 어려울 때 인사팀에서 사인 온 보너스로 해결하는 경우가 많아졌다. 물론 사인 온 보너스를 받아서 연봉 차이를 메꾸는 경우라면 그 다음 연봉 인상이 언제 이뤄지는지 반드시 확인할 필요가 있다. 올해 입사해서 사인 온을 받고 내년엔 연봉 협상이 없는 경우도 있기 때문이다.

보통 사인 온까지 받는 경우는 어떤 경우일까? 물론 사인 온 보너스를 주는 기업에 해당하는 이야기겠지만, 사인 온 보너스가 없다면 기본 연봉에 포함시킬 수 있는 경우들이 있다. 보통 비슷한 규모의 기업으로 이직하면, 승진해서 이직하지 않는 한 연봉 테이블은 다 비슷하다. 그런데 복리후생이나 인센티브 지급은 회사마다 차이가 있다. 예를 들어 매년 20% 이상의 연봉을 3년 이상 고정적으로 받아왔는데 새로 옮기는 회사에서는 그것들이 어려운 경우에는, 이것을 사인 온으로 보상하거나 기본급을 좀 더 많이 인상시켜서 연봉 협상을 하는 방향으로 할 수 있다. 복리후생의 경우에도 카페테리아 제도 같은 연봉 협상 측면에서 자잘한 것들은 예외로 하더라도, 본인이나 자녀 학자금 지원 같은 금액이 큰 부분들은 이야기를 해야 한다. 회사에 따라서 안 받아들여주면 그만이지만, 인사팀 입장에서 정상 참작이라는 것이 있기 때문이다.

④ 헤드헌터를 통하는 편이 유리하다.

대부분 구체적인 돈 이야기를 세세하게 입사할 회사와 하기는 어렵다. 결국 입사해서 함께 일할 사람들인데, 지나치게 쫀쫀한 사람으로 보이고 싶지 않기 때문이다. 이런 경우 헤드헌터를 통하는 게 유리하다. 헤드헌터는 결국 제3자이기 때문에, 객관적인 근거를 가지고 설득할 수 있는 경우라면 인사팀에 전하지 않을 이유가 없다.

그러다 보니 어떤 회사들 같은 경우는 헤드헌터를 통하면 연봉이 너무 많이 오른다고 헤드헌터를 통해서 채용을 안 하는 경우도 있다. 사실 그런 회사들은 개인에게 주는 연봉이 아까운 건 두 번째고, 헤드헌터에게 주는 수수료가 아까워서 안 쓰는 경우가 먼저지만 말이다.

물론 모든 헤드헌터가 연봉을 많이 올릴 수 있는 것은 아니다. 하지만 직접 연봉 네고를 할 때보다는 보다 안전한 루트가 될 수 있으니, 연봉 협상은 헤드헌터를 통하는 것이 유리하다.

연봉 협상을 잘하려면 막연한 기대치를 버리고 현실적인 조건을 고려해서 구체적인 근거를 준비해야 한다. 그것만 기억하면 연봉 협상에서 손해볼 일은 없다.

헤드헌팅 수수료

헤드헌팅은 필요한 인재를 찾아주고 회사로부터 수수료를 받는 서비스이다. 좋은 인재와 같은 후보자도 중요하지만, 결국 1차 고객은 회사이다. 헤드헌팅 회사에 돈을 주는 곳이 기업이기 때문이다. 후보자를 만족시키는 것이 먼저가 아니라, 회사를 만족시키는 것을 먼저 생각한다. 그래야 서비스 수수료를 청구할 수 있다. 서치펌을 사용하는 것에 부정적인 회사들도 있지만, 기업이 돈을 내고 서치 펌을 사용하는 데는 그만한 이유가 있다. 일단 원하는 사람을 필요한 시점에 쓸 수 있기 때문이다. 자체적인 채용공고만 올려서는 눈높이를 만족시킬 사람을 찾기가 쉽지 않다. 맞는 사람이 생길 때까지 공석으로 비워둘 수도 없고, 그렇다고 눈에 차지 않는 사람을 데려다 쓸 수도 없다. 적어도 서치 펌을 사용하면 필요한 시점에 필요한 사람을 찾을 확률이 높아진다. 또 다른 이유는 정말 필요한 사람은 제 발로 찾아오지 않는다는 점이다. 정말 일 잘하고 좋은 사람은 이직을 적극적으로 고려하지 않는다. 이런 경우 헤드헌터가 접촉해서 이직 의향을 확인하고 설득하는 것이다. 보통 그런 사람이 진짜배기인 경우가 많다.

그런데 이런 서비스를 제공하는 헤드헌팅 수수료는 얼마일까 많은 사람들이 궁금해 한다. 보통은 입사한 후보자 연봉의 20~25%를 입사 시점에 서치 펌에 지급한다. 물론 회사 규모가 작거나 특수한 경우는 수수료가 좀 더 낮아지기도 한다. 서치 펌을 잘 모르는 사람들이나 헤드헌팅을 처음 쓰려고 하는 기업들 입장에서는 생각보다 많은 금액일 수 있다. 헤드헌팅 회사들 간에도 경쟁이 치열해져서 이보다 훨씬 낮은 수수료를 받는 회사들도 있지만, 기본적으로 20~25% 선이 일반적이다. 헤드헌팅은 결국 물건을 팔아 마진을 남기는 것도 아니고, 그렇다고 더더욱 사람을 팔아 돈을 버는 것도 아니다. 기본적으로 고객사가 인재 채용을 하기 위해 필요한 서비스를 제공하고 수수료를 받는 컨설팅 서비스인 것이다. 그러니 다른 업종보다 서비스 수수료가 높을 수밖에 없다.

4050 이직의 비밀 chapter 16.

평판조회
대처하기

친구를 얻는 방법은 친구에게 부탁을 들어달라고 하는 것이 아니라,
내가 부탁을 들어주는 것이다.

-투키디데스

많은 외국계 기업이나 대기업들은 입사를 확정하기에 앞서 평판조회를 실시한다. 평판조회를 실시하는 시점은 최종 면접을 앞두거나 연봉 협상을 하기 전 단계 등, 기업마다 차이는 있지만 입사 확정 전 단계에서 평판조회를 하는 것은 대체로 같다. 헤드헌터 입장에서 평판조회는 비용을 지불해서 하는 경우와 비용을 지불하지 않고 하는 경우로 나눠볼 수 있다. 비용을 지불하고 하는 경우는 대체로 전문 기관에 의뢰해서 보다 객관적인 정보를 얻을 수 있다는 장점이 있다. 비용을 지불하지 않고 진행하는 경우는 앞의 경우보다는 비공식적인 채널을 통해 이뤄지는데, 공식적인 채널이 아니기 때문에 보다 현실적인 정보를 얻을 수 있는 점은 장점이나, 평판조회 대상이 한정될 수 있어서 다양한 시각에서 사람을 평가하기 어려울 수 있다는 단점이 있다.

기업 입장에서 평판조회를 실시할 때 장점은 무엇이 있을까? 가장 중요한 것은 문제의 소지가 있을 수 있는 사람을 걸러낸다는 점이다. 여기서 문제의 소지란 누구나 이해할 수 있는, 법률적으로 문제가 되는 부분이다. 횡령이라든가 기타 조직에 위해를 끼친 일이 있는가 하는 것처럼, 명확한 근거를 가지고 이야기될 수 있는 부분이다. 두 번째로는 후보자에 대한 사전 이해도를 높이는 부분이다.

인터뷰를 하긴 했지만 함께 일한 사람들에 비하면 사람에 대한 이해도가 떨어진다. 보통 평판조회를 할 때는 사람의 장·단점을 모두 평가한다. 평가한 자료는 향후 그 사람과 일하는 데 참고가 된다. 어떤 단점이 있는지 알고 뽑으면, 그만큼 서로 맞춰가기 위한 시간과 노력을 절약할 수 있다.

한 취업 포털 사이트에서 인사 담당자를 대상으로 설문조사를 한 결과 인사 담당자 10명 중 6명은 이전 직장의 평판을 조회한다고 한다. 평판조회를 하는 이유로는 '지원자의 평판을 확인하기 위해서', '업무 역량이 어느 정도인지 파악하기 위해서', '이력서의 사실 여부를 확인하기 위해서'의 순으로 꼽혔다. 그리고 평판조회 결과에 대해 인사 담당자의 93.2%가 '채용에 영향을 끼친다'고 답했다.

기업에서 평판조회를 위해 쓰는 비용은 만만치가 않다. 최근에는 임원급뿐만 아니라 모든 경력직 채용으로 평판조회를 확대하는 대기업들도 많다. 매해 채용인원 전부를 비용을 지불하고 평판조회를 한다는 것은 쉬운 일은 아니다. 그럼에도 불구하고 사전에 문제가 될 만한 부분을 거를 수만 있다면, 그 정도 비용을 지불하는 것은 아깝지 않을 수도 있다. 형식적으로 이루어지는 평판조회의 경우는 후보자에게 직접 추천인을 받아 진행하기도 하지만, 후보자 동의하에 전문기관에서 직접 함께 근무했던 사람을 찾아서 진행하는 경우가 일반적이다. 이런 경우는 사실 후보자 입장에서 컨트롤할 수가 없다. 내 손을 떠난 일이다.

작년에 모 대기업 최종 합격자를 대상으로 평판조회를 실시했는데, 후보자로부터 추천인을 받지 않고 직접 함께 근무한 사람을 찾아서 진행했다. 업무 능력이나 이런 부분은 이미 전문성 인터뷰를 통해 마쳤기에 최종 합격했을 것이다. 평판조회를 통해서는 업무 능력 이외에 다른 부분을 많이 묻는데, 거기서 문제가 생겼다. 해당 후보자의 몇 명 안 되는 동기 기수 중 한 명을 택해서 접촉했는데, 다른 데서는 얻을 수 없는 정보가 걸렸다. 보통 큰 기업들은 결혼식이나 장례식 등 경조사 경비를 막내들이 걷어서 대신 전달하는데, 그 경조사 경비를 꽤 일정 기간에 걸쳐 유용한 것이다. 조직 내부적으로는 불미스러운 일이라 당시 조직 내에서도 크게 알리지 않고 문제를 덮었다. 그런데 그 사실을 아는 몇 안 되는 사람 중 하나인 사람에게 평판조회가 들어간 것이다. 당연히 그 후보자는 새로운 회사에 입사하지 못했다. 아주 드문 경우지만 바로 이런 가능성을 차단하기 위해서 기업에서 비용을 지불하고 평판조회를 의뢰하는 1차적인 이유가 있는 것이다.

위와 같은 불미스러운 일이 없다는 전제 하에 후보자 입장에서는 평판조회에 어떻게 대응해야 할까? 대부분의 기업들은 평판조회 전에 후보자 동의를 얻는다. 개인정보 보호법의 적용을 받기 때문에 후보자 동의 없이 이뤄지는 평판조회는 문제의 소지가 있다. 후보자 동의를 얻을 때 1차적으로 우선 의사 표현을 해야 한다. 현 직장에 평판조회가 들어온다든가 하는 부분들은 매우 조심해야 한다는 것을 인사팀도 이해한다. 이런 경우 가능하면 본인의 이직 사실을 알고 있는 지인으로 한정해줄 것을 부탁해야 한다. 반드시 본인 지인에게 평판조회를 하지 않을 수도 있지만, 말 안 하는 것보다는 하는 편이 낫다. 본인이 추천인을 추천할 수 있으면 추천인 리스트를 전달한 후에 그 사람들과 통화를 해두는 것이 좋다. 본인은 믿을 만한 사람이라고 생각하지만, 막상 평판조회를 하는 동안 내가 함께 하는 것이 아니기 때문에 미리 부탁 전화 정도는 해두는 것이 낫다. 작년 평판조회에서 함께 일한 상사를 추천받았는데, 본인은 좋은 이야기를 해줄 것이라고 자신 있게 이야기했지만, 막상 전화했더니 업무 능력이 떨어진다는 평판을 받은 경우도 있다. 추천인 리스트는 믿을 만한 사람으로 한정하고 그들에게 확인 사살을 해두는 것이 필요하다.

사람들의 심리는 평판조회를 의뢰했을 때 대부분 나쁜 이야기를 안 하고 싶어 한다. '뒷담화'는 할 수 있어도, 평판조회라는 것이 공식적으로 본인 의사를 표현하는 것이어서 부담을 느끼기 때문이다. 그렇기 때문에 다른 사람에 대해 평가하는 것이 공식적으로 부담을 느끼는 상황에서 나오는 부정적인 이야기들은 기업 입장에서 귀담아 들을 필요는 있다고 생각한다. 평판조회에서 나오는 후보자의 단점은 정말 단점이 되기 때문에 채용에 신중을 기해야 한다. 헤드헌터 입장에서도 그 단점들을 기업에 전달할 때는 보다 객관적인 내용인지 심사숙고를 한다.

평판조회를 실시하는 헤드헌터 입장에서 단점을 들을 때보다 더 어려운 경우가 존재하는데, 바로 '노코멘트'이다. 노코멘트란 그냥 이야기되는 단점 정도가 아니라, 명확히 문제가 있을 소지가 있는데 그것을 내 입으로 이야기하고 싶지 않다는 뜻이다. 이런 경우는 그 문제를 말해줄 수 있는 사람을 찾을 때까지 평판조회 대상자를 늘려나가는 수밖에 없다.

사실 평판조회를 컨트롤할 수 있는 방법은 거의 없기 때문에 위의 예 정도가 전부이다. 지난 일들이 대부분이고 사람마다 보는 시각이 다 다른데, 내가 그것들을 통제하기란 어려운 일이기 때문이다. 평판조회가 극과 극으로 갈린 경우도 있었다. 상사들의 평판은 아주 일 잘하고 괜찮다는 사람이었는데, 동료들의 평판은 제멋대로고 이기적인 사람이라는 경우였다. 이런 경우는 뭘까? 윗사람이나 본인에게 이득이 되는 사람에게는 잘하고 그 외의 경우에는 무시하는 사람이라고 결론이 난다. 이런 사람을 뽑을지 안 뽑을지는 채용 결정권자의 판단이다. 도덕적으로는 '안 뽑는다'이겠지만, 실제 이런 사람들도 채용이 된다. 일만 잘하면 된다고 판단하면 뽑는 것이다. 비슷한 경우는 또 있다. 금융사 영업 임원을 채용할 때인데, 지나치게 술 접대를 하고 고객사 관리를 너무 개인적인 스타일로 친밀하게 한다는 것이 모든 평판조회에서 나왔다. 구체적인 영업 스타일까지도 이어졌다. 이 정도 평판이면 안 뽑겠구나 생각했는데, 그 임원도 결국 채용되었다. 영업 스타일보다는 영업 실적을 낼 수 있는

가를 기준으로 봤기 때문이다.

그러니 평판조회는 법률적으로 문제만 없다면 사실 크게 신경 쓰지 않아도 된다. 본인들 기준에 맞는 사람이면 평판조회에서 단점이 있다고 해도 그 후보자의 장점을 보고 뽑기 때문이다.

평판조회

기업에서 평판조회를 위해 지불하는 비용은 어느 정도나 될까? 회사의 규모나 업종, 채용 인원의 직급에 따라 다르겠지만, 보통 150~500만 원 정도를 한 명에 대한 평판조회 비용으로 지불한다. 평판조회를 의뢰받은 기관이나 서치 펌은 의뢰 대상자, 즉 채용 예정자에 대한 프로필을 일단 검토한다. 가장 최근 근무한 회사를 중심으로 어느 정도까지 평판조회를 실시할지 범위를 정한다. 범위가 정해진 다음에는 해당 회사에서 함께 근무했던 상사, 동료, 후배를 찾는다. 이때 포함시키는 평판조회 대상자는 기본적으로 3명에서 많게는 7명 정도까지 들어간다. 보통 상사, 동료, 후배 3명을 하고, 같은 시기에 근무한 상사나 카운트파트로 일했던 고객사 담당자들까지 확대한다. 예를 들어 자산 운용사의 기관 세일즈 임원을 뽑을 때는, 가장 큰 고객이 되는 연기금과 같은 기관 운용사들의 담당자 평가까지 들어가는 것이다. 채용 기업에서 요구하지 않았음에도 평가 인원을 확대하는 경우도 있는데, 보통은 부정적인 레퍼런스가 확보될 때이다. 문제의 소지가 있다고 생각되면, 그 원인이나 이유가 분명해질 때까지 레퍼런스 체크를 확대한다. 비용을 받는 만큼 좀 더 객관적인 정보를 기업에 전달해야 하기 때문이다.

평판조회는 대부분 전화로 이뤄지는데, 우선 통화를 하게 되면 함께 근무한 기간과 관계(상사, 동료, 후배)를 확인한다. 평판조회에 들어가는 항목은 크게 전문성 및 업무 역량, 품성 및 자질, 리더십, 대인관계, 이직 사유와 같은 항목으로 나눈다. 전문성 및 업무 역량은 실제 업무력을 알아보는 항목이다. 기존에 함께 근무하면서 업무적으로 어떤 평가를 받았는지, 업무 진행 시 장·단점은 어떤 점이 있는지를 확인한다. 예를 들어 업무 스타일이 저녁 늦게까지 야근하면서 하는 편인지, 아니면 주어진 시간 안에 효율적으로 하는 편인지 같은 부분 등이 포함된다. 품성 및 자질은 말 그대로 인간적인 스타일을 보는 것이다. 사람 좋다는 평이 있으면 어떤 면이 그런지, 일할 때 냉정하다는 평이 있으면 어떤 때 그런지 등을 질문하고 취합한다. 리더십 항목은 주로 부하나 상사 입장에서 평가를 많이 하는데, 아무래도 입장에 따라 평가가 다를 수 있기 때문이다. 부하 입장에서는 무척 좋은 상사에 따르고 싶은 선배라고 평가되는 사람도 상사 입장에서는 리더십이 부족하다고 평가될 수 있다. 대인관계는 직장 내 대인관계뿐만 아니라, 경우에 따라서는 업계 내 사람들과의 관계를 맺는 방식이나 스타일을 포함하기도 한다. 그리고 이직 사유를 묻는데, 후보자 본인이 인터뷰를 하면서 여러 번 이야기한 부분이긴 하지만, 과연 주변 사람들도 그 사람의 이직 사유를 그렇게 생각하는지 확인하는 것이다.

헤드헌터 입장에서 평판조회를 할 때 어려운 경우는 레퍼런스가 좋을 때보다 안 좋을 때이다. 특히나 임원급을 진행할 때 레퍼런스가 안 좋게 나올 때는, 고객사에 전달할 때 여러 모로 신경을 쓴다. 작년에 진행했던 한 레퍼런스는 이렇게 이 사람을 싫어하는 사람이 많은가 싶을 정도로 레퍼런스가 거의 부정적인 의견들이 많았다. 그래서 일단 서류를 만들어 전달하기 전에 우선 인사팀 부서장과 미팅을 했다. 구두 상으로 이런 내용들이 대부분인데, 과연 그대로 전달해도 될지 우선 상의했다. 인사부서장은 현재 내부적인 분위기, 대표이사의 채용 의지, 그룹 인사팀의 기류 등을 고려해본 뒤 그대로 전달해줄 것을 요청했다. 이런 경우 헤드헌터는 우리가 사석에서 나눌 수 있는 그런 종류의 이야기나 표현은 배제하되, 다른 사람들의 입을 통해서 확인된 사실에 가까운 모든 부분을 그대로 평가서에 담는다.

　모든 레퍼런스 항목이 좋게 나오면 얼마나 좋을까. 하지만 직장생활을 하다 보면 소원해지는 인간관계나 실수들은 피할 수가 없다. 레퍼런스를 잘 관리하는 법은 기본적으로 사람들과 관계유지를 하면서 어느 정도 선을 지키되, 결국은 업무력으로 승부하는 것이라고 생각한다. 앞서 이야기한, 이렇게 싫어하는 사람이 많을까 싶었던 임원도 결국은 업무력을 보고 회사에서 채용했다. 다만 이런 경우 얼마나 오래 갈지는 누구도 알 수 없는 일이다. 그 정도까지 가는 경우는 좀 극단적인 이야기지만, 대체적으로 레퍼런스 체크란 여러 항목을 여러 사람에게 묻는 것이기 때문에, 평상시 사람 좋고 재밌다고 해서 레퍼런스가 좋다고 단정할 수 있는 것도 아니다. 그렇기 때문에 기본적으로 인간관계에서 적정선을 지키되 업무력이 좋다는 평가를 받는 것이 가장 최선의 관리가 아닐까 한다.

4050 이직의 비밀 chapter 17.

퇴직 의사
전달하기

삶은 사람의 용기에 비례하여 넓어지거나 줄어든다.

-아나이스 닌

한 취업 포털에서 기업 인사 담당자 1,500명을 대상으로 '이직 시 꼴불견인 직원'에 대한 설문조사를 진행했다. 이직자 중 비 매너 이직 태도를 보인 비율은 평균 22.7% 정도였다고 한다. 유형별로는 급작스러운 퇴사 통보, 인수인계가 안 됨, 진행 중이던 업무 마무리 안 함, 업무 분위기 흐림 등이 꼽혔다. 그리고 이직 매너가 나쁜 후보자의 경우 평판조회 요청을 받으면 인사 담당자의 65.7%는 이직 매너가 나쁘다고 통보한 것으로 조사되었다. 이직 비 매너로 꼽힌 앞의 사례들은 퇴사할 때 좋은 마무리를 위해서 꼭 신경 써야 할 부분인 것 같다. 그리고 퇴사 처리를 잘하는 것도 요령이 있다. 마무리를 잘해야 새로운 곳으로 떠날 때 부담이 없다. 이번 장에서는 퇴직 과정에서 발생할 수 있는 상황들과 그에 대한 가이드라인을 살펴보려고 한다.

① 새로운 회사에 입사가 최종 확정되기까지는 절대 퇴사 통보를 하면 안 된다.

당연한 이야기겠지만, 입사 최종 확정 시점까지는 퇴사 통보를 현재의 회사에 절대 하면 안 된다. 입사 최종 확정 시점이란 계약서에 서명을 하거나 그에 준하는 인사팀으로부터의 채용 확정 이메일을 받는 시점이다. 연봉 협상을 하다 보면 구두로 이야기가 많이 오고 간다. 그러다 보니 자연스럽게 채용 확정이라고 생각할 수 있는데 전혀 그렇지 않다. 명확한 근거가 준비될 때까지는 채용 확정이 아니다. 드문 경우지만 입사 직전에 채용이 취소되는 경우들도 있기 때문이다. 이미 현재 회사에는 떠나겠다고 이야기했는데 입사 취소가 되면, 그 난감한 상황을 어떻게 해야 하나. 보통 퇴사 통보를 일찍 하는 경우는 그동안 회사에 불만이 많았던 경우가 많다. 그동안 지긋지긋했으니 하루라도 빨리 떠나고 싶은 마음에 퇴사 통보를 시원하게 해버리는 것이다.

몇 년 전 국내 그룹 계열사의 포지션을 진행할 때의 일이다. 해당 회사는 설립된 지 몇 년 되지 않아서 신규 인력 수요가 많았고, 당장 일할 사람들이 급하게 필요한 상황이었다. 인터뷰를 거쳐 총 3명이 최종 합격해서 연봉 협상까지 마친 상황에서 3명이 한꺼번에 입사가 취소된 적이 있다. 해당 그룹사의 인사 프로세스는 계열사 대표이사까지 인터뷰를 보고 연봉 협상을 완료한 후 그룹 인사팀에서 최종 승인을 해주는 방식인데, 그룹 인사팀에서 모두 반려시킨 것이다. 그룹 인사팀에서 반려시키는 경우는 거의 일어나지 않는데, 그런 일이 일어난 것이다. 표면적인 이유는 신규 사업을 추진할 때 좀 더 신중을 기하기 위해 신규 인력 채용 시점을 조절하라는 것이었다. 그러나 감춰진 이유는 계열사에서 신규 채용으로 올린 인력들의 학교 순위가 떨어진다는 이유였다. 경력직 입장에서 경력이 있으면 그만이지 학교 순위가 뭐가 중요한가 싶지만, 평소 학교 순위를 많이 보기로 유명한 해당 그룹의 입장이니 이런 웃지 못할 경우도 생기는가 싶었다. 문제는 입사 취소된 3명 중 1명이 이미 회사에 퇴사 통보를 한 상태였는데, 구제할 방법이 없었다는 것이다. 한참 불만이 많던 상황이라 아주 시원하게 퇴사 통보를 해버렸는데, 현재 회사에서 번복해도 받아주지 않아 결국 그냥 회사를 나올 수밖에 없었다. 이런 일을 방지하고 싶으면 완전한 입사 확정이 되기 전까지는 현재 회사에 퇴사 통보를 하면 안 된다.

② 다시 주저앉을 때는 확실한 보상과 본인의 희생이 필요하다.

그동안 일을 잘했고 평가가 좋은 사람이라면 퇴사한다고 이야기했을 때 바로 놔주는 회사는 없다. 여러 가지 방식으로 회유가 들어온다. 새로운 기회를 주겠다는 것부터 인간적인 의리까지 이야기 나오면 마음이 흔들릴 수밖에 없다. 그동안 이직 준비를 위해 투자한 시간이 아깝지만, 이직하는 것만이 모든 개인에게 능사가 아니기 때문에, 현재 회사에서 잡을 때 다시 한 번 냉정하게 생각해보는 시간을 갖는 것도 필요하다. 인간적인 의리에 대한 부분은 개인마다 비중이 다르니 논외로 한다. 객관적으로 판단해볼 수 있는 것은 새로운 기회, 예를 들어 승진이나 신규 인력 충원 같은 확실한 약속을 받을 수 있는가이다. 이 경우도 역시 구두로 하는 오고 가는 이야기들은 소용이 없다. 일단 잡아야 하는 입장에서 이 얘기

저 애기 다 하기 마련이다. 승진이나 인력 충원을 이야기할 때 구체적으로 가까운 시일 내에 보상받을 수 있는 것이 아니면 떠나는 것이 맞다. 시간이 지나면 자연히 조직은 원래대로 움직이기 때문이다. 나중에 '그때 떠났어야 하는데.' 하고 후회해봐야 소용이 없다.

마음이 흔들릴 때 본인의 마음을 다시 한 번 들여다보는 것도 필요하다. 퇴직 의사를 공식적으로 한 번 표명한 사람이 다시 남아서 일을 하려면, 그 전과는 다른 충성을 보여줘야 한다. 이전까지 100%의 노력으로 일하고 충성했다면, 130%를 보여줘야 한다. 나에게 그럴 만한 의지와 에너지가 있는지 살펴보고 판단해야 한다. 그러기 힘들다면, 역시 그만두고 떠나는 게 맞다.

③ 마무리는 잘하는 것이 정석이다.

퇴사 시 마무리에는 인수인계뿐만 아니라 인간관계까지도 포함된다. 나중에라도 돌고 돌아 문제가 생길 만한 부분은 정리해두고 나오는 것이 좋다. 떠날 때는 다신 안 볼 것 같지만, 업계가 같은 한 다시 보게 될 일이 생기고 간접적으로도 영향을 주고받는다. 인수인계에 필요한 시간은 평균적으로 2주, 길어야 한 달이면 충분하다. 그동안 내가 했던 일이 이렇게 빠르게 정리되나 하고 허탈한 마음도 들 수 있겠지만, 그 이상은 필요가 없다. 떠나는 회사 입장에서도 어차피 떠날 사람이 업무를 오래 붙잡고 있어봐야 소용없다. 회사에서 인수인계 시간을 몇 달씩 달라고 하는 경우도 있다. 새로운 사람을 찾을 때까지 기다려달라고 하는 경우다. 그럴 땐 정중하게 거절하는 것이 필요하다. 마음 떠난 사람이 업무를 붙잡고 있어봐야 일에도 실수가 생기기 마련이라고 이야기하는 게 가장 낫다. 무엇보다 그 시점에서 중요한 것은 새로 입사할 회사인데, 새 회사에서는 당장 함께 일할 사람이 필요해서 뽑은 것이므로 가능한 한 새로운 회사가 요구하는 입사 시점을 맞춰야 한다.

보통 15년 이상 직장 생활을 한 사람들은 퇴직 의사를 전달하고 마무리하는 데 무리가 없다. 모든 것이 본인이 예상 가능한 시점에서 이뤄지기 때문이다. 드문 경우이지만, 퇴직 의사를 전달했으나 다시 주저앉는 경우를 생각해볼 수 있는데, 사실 4050 세대에서는 다시 주저앉는 경우가 많지 않다. 이미 충분히 이직을 고민했고 현실적인 판단이 가능하기 때문이다. 하지만 현실적으로 고민했을 때 그냥 남는 것이 낫다고 생각될 수도 있다. 다시 남기로 결심했다면 두 가지를 꼭 생각했으면 한다. 이직을 생각했던 일은 당분간 없었던 일로 치고 회사에 집중해야 한다. 그리고 향후 1~2년간 회사에서 이뤄야 할 구체적인 목표를 다시 세워야 한다. 그래야 이직 기회를 포기한 데 대해 충분한 보상을 받을 수 있다. 4050 세대에게 이직 기회는 생각만큼 많지 않다. 충분한 보상을 현재 회사에서 받을 수 없다면, 조금 더 용기를 내서 이직하는 것이 나을 수도 있기 때문이다. 이직을 망설일 때 사실 가장 중요한 이유는 현재 회사에서 약속하는 좀 더 나은 보상이라기보다는, 본인 스스로의 용기가 부족해서일 때가 오히려 많다. 결국 언젠가는 나올 회사라면, 조금이라도 에너지가 넘칠 때 나오는 것이 나을 수 있다.

이직을 준비할 때는 떠나는 날 멋지게 사표를 '던지며' 나가는 장면을 떠올렸을 수도 있다. 하지만 퇴사할 때 가장 중요한 것은 퇴직 의사를 표현할 때 감정적인 요소를 배제하고 전달하는 것이다. 보통 퇴직 면접을 할 때 퇴직 사유를 묻는데, 이런 부분을 전달할 때 특히 적정선이 필요하다. 조직 내의 불합리한 점이나 문제점들은 대체로 덮는 편이 좋다. 우선은 퇴사 처리를 원만히 하는 것이 가장 중요하기 때문이고, 둘째는 남아 있는 사람들을 위해서이다. 조직에 문제가 있다고 누구나 떠날 수 있는 것은 아니다. 남아 있는 사람들은 최대한 안정적으로 그 생활을 유지하고 싶어 할 것이다. 그 사람들에게 굳이 영향을 끼칠 마음이 없다면, 퇴직 사유는 개인적인 부분으로 국한시켜 전달하는 것이 좋다. 사실 떠날 때 어떤 모습을 보여주는지가 그 사람에 대한 오랜 기억으로 남는다. 인간적인 매너를 지키는 게 퇴직할 때 가장 중요하다.

40대의
경력관리

그 여정이 바로 보상이다.

-스티브 잡스

40대의 이직은 무겁다. 연차가 올라가서 갈 자리가 적어졌다는 이유만은 아니다. 아이들은 아직 어려서 교육비 부담이 한참 남았고, 갚아야 할 주택 대출금까지 남았으면 부담은 더 크다. 40대 이직이 어려운 여러 가지 이유 중 하나는 짊어지고 있는 짐의 무게가 크다는 것이다. 그런데 그런 것들을 하나하나 생각하다 보면 점점 작아지고, 더럽고 치사하더라도 현재 조직에서 눈 딱 감고 버티는 것이 낫지 않을까 생각하게 된다. 실제로 이직자 절반은 이직을 후회한다는 조사도 있으니, 틀린 말도 아닐 것 같다. 하지만 그럴수록 신중하게 고민하고 준비해서 이직을 준비하는 것이 필요하다고 생각한다. 100세 시대에 적어도 60대까지 일을 하려면 아직 20년은 남았다. 어차피 한 직장에서 버티기엔 시간이 길다. 이직도 평생 일을 하기 위한 과정쯤으로 생각하고 준비할 필요가 있다.

직장에서 40대는 업무 역량이 최고점에 다다라서 비로소 꽃을 피우는 시기이다. 20대부터 시작한 직장 생활은 40대 초반에 비로소 전문가로서 역량을 다지고, 40대 후반에 이르러 조직관리 경험까지 쌓이면 커리어의 정점이 되는 것이다. 그 커리어의 정점을 얼마나 이어가는가는 개인에 따라 다르겠지만, 길어야 7~8년인 50대

중반까지의 이야기이다. 어찌되었든 커리어의 정점을 찍는 40대의 이직은 생각만큼 어렵지 않다. 전문가로서의 역량이 충분하고, 열심히 찾아보면 갈 자리는 분명히 생긴다. 물론 갈 자리가 있다고 다 갈 수 있는 것은 아니다. 딸린 식구들을 생각하면 연봉과 근무 조건 같은 현실적인 조건을 만족시키지 않는 곳은 가기 어렵기 때문이다. 결국 40대 가장의 이직에 있어서 우선순위 1순위는 나의 꿈보다는 연봉과 같은 현실적 조건이 되는 게 현실이다. 40대 이직에서 현실 조건이 맞지 않는데도 움직이라는 것은 정말 무책임한 소리다. 조건이 맞아야 이직하는 것은 당연한 이야기다.

40대의 경우에는 직장 생활의 커리어에서 큰 그림을 더 볼 수 있어야 한다. 최고 정점이라고 생각하고 조건만을 고려하다 보면, 자칫 큰 그림을 놓치게 된다. 40대가 그려야 할 큰 그림은 앞으로 남은 20년 동안 더 일을 하려면, 더 늦기 전에 본인에게 투자하는 것이다. 나는 그게 40대 이직의 가장 큰 준비라고 생각한다. 60대 후반까지 일한다고 가정하면, 군대 다녀오고 취업하고 거의 40년 정도 직장 생활을 하게 된다. 어떻게 40년을 쉬지 않고 달릴 수 있겠는가. 가뜩이나 자고 일어나면 새로운 것들이 쏟아져 나오는 세상에서 말이다. 경력관리를 하고 길게 가려면, 스스로 'run & rest' 속도 조절을 할 수 있어야 한다. 자기 자신에 대한 휴식과 재충전이 최고 정점인 순간에 필요한 것이다. 물론 회사를 그만두고 쉬는 것이 아니라, 회사 생활을 하면서 모색해야 한다.

재충전의 가장 효과적인 파트너로 외부 교육 과정을 추천한다. 대학원 같은 학위 과정도 좋고, 인맥을 넓히기 위한 네트워크 과정도 좋고, 그런 것이 아닌 그저 취미 활동을 위한 교육 과정도 좋다. 외부 교육 과정이 가장 좋은 이유는 교육을 받는 동안에는 집도 회사도 잠시 잊고 일단 나 자신에게 집중할 수 있기 때문이다. '애들 교육비도 버거운데 나까지?'라고 생각하지는 말자. 지금 나에게 투자하지 않으면 애들과의 행복한 미래도 없다고 믿는 게 맞다. 앞으로 20년을 더 달리기 위한 투자이다. 공부 안 해본 사람들은 모르지만, 직장 생활을 하며 공부를 해본 사람들은 거의 모두가 그 시간이 좋았다고 이야기한다. 학위나 자격증처럼 눈에 보이는 결과물이 없는 공부라도 좋다. 그냥 사람들 만나서 이야기하고 놀다만 와도 좋은 시간들이다. 그것들을 통해 마음이 넓어지고 여유가 생기면, 오히려 회사나 집도 잘 풀린다. 무엇을 할지 결정할 때는 마음이 여유로울 때이다. 마음이 여유로울 때 이직을 계획하고 준비하는 것이다. 요약하면, 한참 잘나갈 때 공부하러 다니고 이직을 준비하라는 것이다. 40대에 절대 포기하면 안 되는 것은 본인을 위한 투자, 공부하는 시간이다.

공부를 선택할 때는 본인의 관심, 향후 가능성, 인맥 확장성을 고려해서 선택하는 것이 좋다. 희망제작소 은퇴자 교육 프로그램 동기생들이 쓴 『브라보! 시니어 라이프』란 책은 고령화 시대를 준비한 미국, 일본 등 세계 각지의 사례들을 모은 책이다. 그 책에서 만난

시니어들은 제2의 인생을 어떻게 준비했을까? 평소 요리를 취미로 삼다가 회원제 요리 집을 차린 은행장, 강아지를 기르다 보니 어느새 강아지 훈련소를 차린 사람 등 다양한 사례들이 있다. 물론 거의 대부분은 이직이 아니라 창업이다. 그 사례들의 분명한 점 하나는, 그 사람들이 해당 분야에서 전문가였고, 취미가 아닌 현업에서의 경험을 바탕으로 새로운 도전을 한 사람들도 많다는 것이다. 앞으로 20년을 바라보고 준비해야 하는 시기가 40대이다.

인터넷에 떠도는 우스갯소리 중에 이런 말이 있다. 20대의 이직은 퇴직금이고 성과급이고 뭐고 일단 뛰쳐나가고 보고, 30대의 이직은 20대에 못 받은 퇴직금, 성과급을 이번에 다 챙겨 받겠다고 생각하고 나오고, 40대의 이직은 하던 일 마무리하고 나오면 갈 자리가 없고, 50대는 그만두겠다고 하면 고맙다고 하고, 60대는 그만두기 전에 그만두라고 하고, 70대는 안 나오면 돌아가신 줄 안다는 거다. 웃기면서도 슬픈 이야기다. 특히나 마무리 다 했더니 갈 자리 없다는 40대가 내 이야기가 될까 싶기도 하다. 그러기 전에 필요한 것이 'run & rest'인 것이다. 20년 넘게 회사에, 가정에 충성했으면, 이제 내 시간을 가지면서 재충전해야 한다. 커리어에 있어서 취업, 이직, 창업은 과정이라고 생각한다. 그 과정을 잘하려면 달리고 쉬고를 잘해야 한다.

한참 지난 영화지만 '쉘 위 댄스'라는 일본 영화가 있었다. 집과 가정에서 안정된 샐러리맨으로 살던 주인공이 사교댄스를 배우며 일어나는 과정들을 그린 영화인데, 이 영화가 나온 지가 벌써 15년이다. 마지막 장면에서 연미복이 아닌 양복을 입은 채 붉은 드레스를 입은 댄스 여선생님과 '쉘 위 댄스'라는 타이틀곡에 맞춰 춤을 추기 시작하자, 하나 둘 모여들어 사람들이 함께 춤을 추는 모습은 지금 봐도 감동이 진하고 따뜻하다. 안정되었지만 무기력한 사춘기의 심정을 이렇게 잘 보여준 영화가 있을까? 문득 생각한다. 15년이 지난 그 주인공은 어떻게 되었을까? 일본은 명퇴가 더 빠르다니 이미 명퇴를 했으려나. 명퇴를 하고 어떻게 되었을까. 나는 '여전히 잘 살고 행복하다'에 걸고 싶다. 마음이 행복한 방법을 찾았으니, 현실적인 문제는 해결하면 되는 것이다. 이렇게 딴 짓 하는 사람들은 이직도 창업도 쉽다. 중요한 우선순위가 있기 때문에 나머지는 부수적이다. 어쩌면 한국에서 40, 50대가 지금 어려움에 빠진 것은 딴 짓을 모르며 살아왔기 때문 아닐까. 회사에 충성만 하면 되는 줄 알았는데, 어느새 나는 나이 들고 세상은 변해버린 것이다.

그에 비해 지금 20, 30대들은 어찌나 똑똑한지 모른다. 그들 중이 회사에서 임원까지 달겠다고 생각하는 친구들이 몇 명이나 될까. 별로 없다. 취직하고 한숨 돌리자마자 자격증에, 대학원 진학에 부단히도 자신을 무장한다. 물론 그것이 다는 아니겠지만, 그렇게 노력하는 후배들은 적어도 어느 날 갑자기 이직의 문턱에서 무엇을 해야 할지 망설이지는 않지 않겠는가.

잘 쉬는 전략과 함께 자신감 회복, 스스로 가벼워지는 전략도 필요하다. 경력직을 찾을 때 30대 직원을 뽑는 건 일 시킬 사람을 찾는 것이고, 40대는 일을 책임지고 이끌 사람이다. 꼭 필요한 사람이라는 뜻이다. 그러니 찾아보면 갈 자리는 있다. 그런데도 소극적으로 찾다가 시간만 소비한다. 이미 누군가 다 자리를 차지하고 있을 텐데……, 괜히 움직이려다 소문만 나는 것은 아닌가 싶어서 주저한다. 그러나 이직 시장에서 본인의 가치를 확인해보기 전에는 나는 아직 우물 안 개구리일 뿐이다. 여러 군데 알아보고 이야기해보고 시장에서 본인 가치를 확인해야 한다. 설사 그냥 남게 되더라도, 내가 시장에서 가치가 있다면 당당하게 회사에 더 높은 자리를 요구할 수도 있는 것이다. 그러려면 일단 시장 안으로 들어가서 알아봐야 한다. 지금이 타이밍이다. 모든 것이 좋아 보일 때 시작하는 것이 이직이다. 40대의 이직은 무겁지만, 그럼에도 불구하고 가장 쉽다. 40대, 아직 늦지 않았다. 지금부터 시작이다.

50대의
경력관리

가장 현명한 사람은 자신만의 방향을 따른다.

-에우리피데스

40대의 경력관리가 'run & rest', 쉬면서 자신을 돌아봐야 할 시간을 찾는 것이라면, 50대의 경력관리는 'run & run'이다. 쉬기도 아까운 때가 50대이다. 오히려 50대는 경력관리에서 가장 중요한 때 중 하나다. 생애 설계 중에 경력 측면에서 볼 때 20대 이후 다시 찾아온 경력 전환의 시기이기 때문이다. 경력 전환의 시기에는 명확한 목표를 가지고 움직여야 한다. 그리고 충분한 시간 투자를 해야 한다. 특히 지금과 다른 일을 하려고 준비한다면, 적어도 2~3년 이상의 시간 투자가 필요하다.

취업 포털을 찾는 중장년층이 증가하고 있다는 기사도 있지만, 취업 포털 사이트는 50대에게 별로 유용하지 못하다. 50대에게 새로운 자리를 찾는 가장 효과적인 방법은 인맥이다. 50대가 가진 가장 큰 자산이 바로 인맥이다. 그런데 인맥을 잘 활용하려면 일단 본인의 이직 의사나 향후 계획을 제대로 사람들에게 알려놓을 필요가 있다. 남의 이목을 생각해서 표현을 소극적으로 하면 기회가 내게 오기 힘들다. 일단은 현직에 있으니 나가서 찾아야지 생각하면, 상당 기간 백수 생활 할 각오를 해야 한다. 이미 알다시피 집에서 반겨주는 백수 생활도 3개월이다. 현직에서 준비하지 않으면 백수가 될 준비를 하는 것과 같다.

인맥을 활용할 때 그냥 내 생각을 흘리는 정도로만 해서는 안 된다. 적극적으로 자리를 알아보고 만드는 용도로 써야 한다. 내가 소극적으로 임하는데 자리가 나를 찾아줄 리 만무하다.

인맥 다음으로는 공모 형 직위도 노려볼 만하다. 최근 지자체나 대학교의 경력직 채용이 공모 형으로 진행되는 경우가 점점 늘어나고 있다. 어설프게 인맥을 통하는 것보다 공모 형 직위를 알아보는 게 속 편할 수도 있다. 공모 직에 지원할 때는 굳이 내부조직을 다 알고 지원하려는 생각은 버리자. '내정자가 있지 않을까?'라고 생각하면 지원은 시도조차 해볼 수가 없다. 그리고 일정 단계가 되기 전에는 굳이 내부 인력이나 사정을 잘 아는 사람을 접촉하는 것도 안 하는 게 낫다. 오히려 쓸데없는 구설수에 휘말릴 수 있기 때문이다. 취업 포털을 들어가볼 시간에 관련 분야의 공모 형 직위 채용 정보를 모으는 게 훨씬 효과적이다.

최고의 은퇴 전략은 은퇴를 안 하는 것이라는 말이 있다. 'run & run'. 50대는 배우는 것도 멈출 수가 없다. 베이비부머의 은퇴와 함께 다양한 시니어 교육 과정이 있다. SNS를 활용하는 마케팅부터 재정설계 등 다양한 내용들이 있는데, '이제 와서 SNS를 배워서 어디다 쓰겠어?'라고 생각하지 말자. 앞으로 20년을 더 일할 생각을 하면 지금이라도 배워두는 것이 맞다. 교육을 찾아보고 신청하고 배우러 가는 건 오히려 쉽다. 그냥 가기만 하면 되는 것이다. 가서 다양한 배경의 사람들을 만나고, 그 사람들 속에서 새로운 자극을 받는 것을 배우는 것이 더 크다. 모양새만 챙기려고 해서는 새로운 변화가 일어나기 어렵다.

50대 경력설계나 이직이 어려운 점은 선례가 별로 없다는 점이다. 선례가 있으면 그것을 따라가면 된다. 그런데 돌이켜 생각해보면 선례가 확실해서 쫓아온 인생은 아니었을지 모른다. 매일 부딪치는 것들을 해결하다 보니 해결이 되며 살아왔을지도 모른다. 좀 더 가볍게 새로운 것들과 어울리는 법을 익혀야 할 때다.

또 다른 시작을
준비하기

모두가 세상을 변화시키려고 생각하지만,
정작 스스로 변하겠다고 생각하는 사람은 없다.

-레프 톨스토이

IMF를 지나면서 취업시장에 큰 변화가 생겼는데, 바로 헤드헌팅 시장의 확대와 전직 지원 서비스의 성장이었다. 그 전까지의 헤드헌팅은 일부 외국계 회사의 이야기이거나 핵심 기술을 가진 사람들을 스카우트하는 정도의 인식으로 여겨졌었다. 그런데 IMF를 거치면서 평생직장의 꿈이 사라진 사람들이 스스로의 가치를 높이기 위해서 자발적인 이직을 하면서 헤드헌팅도 확대되었고, 기업 역시 바로 쓸 수 있는 경력직 채용을 늘리면서 헤드헌팅 서비스를 더욱 필요로 하게 되었다. 전직 지원 서비스는 IMF 이후의 구조조정과 맞물렸다. 대량 해고나 명예퇴직을 시키려고 보니 그냥 등 떠미는 꼴이 돼버리고, 그러다 보니 그 사람들을 위해 이력서 쓰는 방법부터 구직 방법까지 단계적으로 가르쳐줄 서비스를 제공하는 전직 지원 서비스 회사들에 의뢰하게 되었다. 초기 전직 지원 서비스가 말 그대로 이력서 쓰는 법, 구직 방법 등 방법적인 부분을 가르치는 서비스였다면, 2000년대로 넘어오면서는 잡 매니저(Job Manager)들을 두고 잡 서칭(job searching)을 함께 도와주는 서비스들로 바뀌었다. 전직 지원 서비스 회사의 잡 매니저들은 이력서를 가지고 그 사람을 취업시킬 만한 회사를 찾아, 일반 기업 및 헤드헌팅 회사의 경력직 채용공고를 물색하고 매칭(matching)

시키는 역할을 한다.

그런데 헤드헌팅이나 전직 지원 서비스 둘 다 베이비부머 은퇴와 맞물린 현재의 베이비부머들의 요구를 만족시키기 어려운 점이 있다. 먼저 둘 다 수요를 만들어내지 못한다. 기업체가 원하는 자리만 만들 수 있다. 50대 이상을 원하는 자리는 한정되어 있는데 베이비부머들이 은퇴하고 있으니, 수요는 적고 공급은 넘쳐나는 상황인 것이다. 두 번째로 헤드헌팅 서비스는 서비스의 근본적인 성격 자체가 보수적이다. 회사에서 원하는 사람을 찾아줘야 하기 때문에 엄격한 기준으로 사람을 판단하고 보수적으로 접근한다. 그 기준을 만족시키는 소수의 사람들에게만 기회가 주어진다. 전직 지원 서비스는 효율성이 떨어진다. 전직 지원 서비스 자체가 능동적이지 못하다. 서비스의 질보다는 몇 건을 연결해주었는가 하는 횟수가 중요하다. 연결 후 성사까지 전직 지원 서비스 회사가 컨트롤할 수 없으니, 구직자 입장에서는 효율적이지 못하다. 해결 방법은 이런 서비스를 이용하되 스스로 움직이는 수밖에 없다.

평생 현역으로 사는 방법들에 대한 고민이 요즘 무척 많다. 100세 시대라고 했을 때, 커리어 측면에서는 취직-이직-창업, 성취-휴식-도전의 사이클로 움직여야 한다. 학교를 졸업하고 첫 직장에 취직하고, 업무를 배우고 성취하고, 이직을 통해 가치를 올리고 확인하고 결국 창업을 통해 평생현역으로 가는 것이다. 모아놓은 돈을 가지고 재테크를 하며 평생 살 것이 아니라면, 100세 시대 경력관리의 마지막 단계는 창업인 것이다. 여기서 이야기하고자 하는 창업은 기존 세대들이 퇴직금 움켜쥐고 차렸던 자영업이 아니다. 물론 자영업도 능력이 되면 안 할 이유가 없으나 기존에 실패한 사례가 얼마나 많던가. 이제는 내가 갈 자리를 찾는 것이 아니라, 만드는 것이다. 그게 창업이다.

요즘엔 '창직(創職, Job Creation)'이란 말도 있다. 기술의 변화와 함께 사라지는 직업의 수만큼 새로운 직업의 숫자가 늘어나고 있다. 창직이란 스스로 새로운 직업을 만들어내는 것을 뜻한다. 자신의 기술, 능력, 흥미를 바탕으로 새로운 일을 스스로 만들어내는 것이다. 인터넷상에서 평판을 관리해주는 평판 관리사나 최근 주부들 사이에서 인기가 많다는 정리수납 컨설턴트도 새롭게 생겨난 직업들이다. 물론 창직과 창업은 다르나, 창직 역시 직업으로 인정받으려면 결국 돈을 벌어야 한다. 매출을 발생시키고 일을 계속한다는 것은 결국 창업인 것이다.

100세 시대 현역으로 사는 법은 결국 창직을 통한 창업이다. 임원 퇴직하면 손주들이나 보고 끝일 줄 알았는데, 이젠 직업을 만들어서 창업을 하라고? 괜찮다. 수명이 길어지면 남는 게 시간이다. 이 책의 모든 장을 할애해서 말한 이직의 비밀은 100세 시대 경력 관리의 한 부분에 지나지 않는다. 그동안 쌓아온 경력을 그냥 버릴 게 아니라면, 창직을 할 수 있는 방법을 모색해야 한다.

개인적인 이야기지만, 내가 서치 펌을 그만두고 창업을 준비한 것도 비슷한 이유다. 헤드헌터는 좋은 직업인 게, 늘 잘나가는 사람을 만나고 잘나가는 사람들을 찾아다닌다. 그런데 그 잘나가던 사람들, 개인적으로 존경심을 가지고 바라보던 사람들이 어느 순간 점점 사라져가는 것이다. 헤드헌터로서 할 수 있는 일이 없었다. 기업에서 수수료를 받는 헤드헌터는 내가 좋은 사람이 아니라, 기업에서 당장 필요한 사람들을 찾을 수밖에 없기 때문이다. 그래서 일단 시장에서 사라져갈 사람들, 퇴직자들을 모으기로 생각했다. 다 한가닥씩 했던 분들인데 모아놓으면 어떻게든 될 것이고, 내가 할 역할은 모일 수 있는 장소를 만들고 이유를 만드는 것이라는 생각을 하고 창업한 것이다.

다시 창직을 통한 창업으로 이야기를 돌리면, 새로운 분야에 대한 교육 과정은 널리고 널렸다. 찾아서 듣기만 하면 되는 것이다. 교육 과정을 들을 때 가장 어려운 점이 뭔지 아는가? 내가 어느 회사에 다니고 직급이 무엇인지 잊는 것이다. 나이나 지위를 떠나 사람들과 어울리려는 노력이 가장 중요하다. 100세 시대에서 이제 막 절반을 지났을 뿐이다. 기존에 누렸던 것들은 남은 인생에서 그다지 중요하지 않을지도 모른다. 100세 시대 현역인생의 마지막 답은 이미 내 안에 있다. 그동안 흘린 땀과 눈물이 무형의 자산이기 때문이다. 아직 몸이 무거운 티를 낼 때가 아니다. 홀홀 털고 가벼운 마음으로 새로운 커리어에 도전해보자.